인간의 이해

Understanding the Human Being

인간의 이해
생애 첫 3년의 중요성

2020년 5월 1일 초판 1쇄 발행
2021년 7월 14일 개정판 1쇄 발행
2023년 1월 13일 개정판 2쇄 발행

지은이 실바나 꽈뜨로끼 몬타나로 Silvana Quattrocchi Montanaro, M.D.
역 자 정이비
펴낸이 조동욱
기 획 조기수
펴낸곳 헥사곤 Hexagon Publishing Co.
등 록 제 2018-000011호 (2010. 7. 13)
주 소 경기도 성남시 분당구 성남대로 51, 270
전 화 070-7743-8000
팩 스 0303-3444-0089
이 메일 joy@hexagonbook.com
웹사이트 www.hexagonbook.com

ⓒ Silvana Quattrocchi Montanaro, M.D. 2021 Printed in KOREA

ISBN 979-11-89688-56-1 03370

인간의 이해

생애 첫 3년의 중요성

Understanding the Human Being

The Importance of the First Three Years of Life

Silvana Quattrocchi Montanaro, M.D.

실바나 꽈뜨로끼 몬타나로 지음
정이비 옮김

HEXAGON

Understanding the Human Being
The Importance of the First Three Years of Life

Published 1987 "Un Essere Umano"
Rome, Italy, Cooperativa Editrice IL VENTAGLIO

Published 2019 "Comprendere i bambini"
Rome, Italy, Di Renzo Editore
www.direnzo.it

Published 1991 "Understanding the Human Being"
California, USA, Nienhuis Montessori
www.nienhuis.com

Both Italian and English are originals © by the Author

Translated by Eibi Chung
and Published 2020 by Hexagon publishing Co.,

ISBN 979-11-89688-32-5 (03370) First Edition
ISBN 979-11-89688-56-1 (03370) Second Edition

First Edition (2020)
Second Edition (2021)
Printed in KOREA
by
www.hexagonbook.com
joy@hexagonbook.com

나는 이 책을 인간의 첫 교육자인 모든 부모와 유아와 초등학교 교사들에게 바치고 싶다. 그들에게는 힘이 있다. 그들이 제공하는 환경을 통해 아이의 잠재력은 향상되거나 이탈되거나 제한될 수 있다.

아이는 훌륭한 인간이다. 생명이 시작되는 순간부터 부모나 어른으로서 아이들과 함께하며 아이들을 돕는 동안, 우리의 삶 또한 더욱더 풍요롭게 성장하기 때문이다.

1907년 1월 6일, 로마에서 에피파니Epiphany의 잔치인 '어린이의 집Casa dei Bambini'의 취임식 순간, 마리아 몬테소리는 성경의 일부인 예언자 이사야the prophet Isaiah 60장을 인용했다 :

"일어나라, 빛을 내라, 그대의 빛이 왔으니⋯"

마리아 몬테소리는 그 구절이 자신의 일의 시작을 알리는 예언이라고 느꼈다.

Silvana Quattrocchi Montanaro, M.D.

동쪽의 먼 나라 한국에서 어머니의 책을 출간한다는 소식을 접하고
고인이 되신 사랑하는 어머니를 대신하여 메시지를 쓴다.
한국의 독자들이 몬테소리에게 영감을 받은
이 지혜로운 책과 함께 행복한 여행을 하기를 소망한다.
이 책이 부모의 역할을 고민하는 많은 분들의 친구가 되기를 기대한다.

Marina Montanaro,
Capolago, Switzerland, March 26, 2020

역주: 이 책의 원제목은 Understanding the Human Being이다. 저자인 Silvana Montanaro의 따님이 한국에서의 출간을 축하하며 위와 같은 메시지를 보내왔다.

메시지를 보낸 3월 26일은 마침 Silvana Montanaro 고인의 생일이기 때문에 한국에서의 출판이 왠지 앞으로 행운을 가져다줄 것 같다는 기대감이 느껴진다고 추신과 함께 보내왔다.

역자의 글

  이 책은 태어나서 첫 3년간의 인간 존재의 신체적 정신적 발달의 의미와 중요성을 소개하는 몬테소리 교육 이론서이다. 이 책의 저자인 실바나 몬타나로Silvana Montanaro는 이탈리아의 소아 정신과 의사이며, 로마와 일본, 미국, 런던 등에서 부모와 교사를 교육하는 교육자였으며, 또한 몬테소리 교육 실천가로서 특히 AMI 0~3세의 교육 내용을 체계화하였다. 우선, 이 책은 소아 정신과 의사의 시선으로 0~3세 아이들의 발달 단계를 과학적 사실에 따라 설명한다. 태아기, 공생기, 이유기 등 각 발달 단계의 과학적 정보와 함께 그 의미와 중요성을 설명하고 양육자로서 부모인 아버지와 어머니의 존재 의미를 규명한다. 또한 최근까지 밝혀진 아이들 두뇌의 잠재력에 대한 소개, 운동 발달, 언어 발달 과정을 언급한다. 더불어 시기마다 통과의례처럼 거치는 발달상 위기의 진정한 의미를 살펴보면서 아이의 정신 발달 중요성을 강조한다. 우리는 3세 된 아이의 성장을 보고 놀라워한다. 이 시기 아이들은 단순히 인간으로서 완전한 신체적 기능을 획득하는 것뿐만 아니라 놀라운 정신적 기능을 획득한다. 이 책에서는 생물학적인 인간이 어떻게 정신적 존재인 인간으로 성장하게 되는지 그 구체적인 과정들을 묘사하고 있다.

  모든 부모는 자식들 앞에서는 죄인이 된다. 특히나 새로운 정보를 접하게 되면 자신의 과거를 돌아보며 자신의 무지에 대해서 반성과 후회를 한다. "그때 나는 왜 그것을 몰랐을까? 나는 왜 우리 아이에게 그렇게 대했을까? 나는 왜 좀 더 현명한 부모가 되지 못했을까?" 그 당시 자신의 조건에서 최선을 다한다고 했지만 언제나 더 해주고 싶은 부모의 마음 때문에 그러하리라. 이 책에서도 언급되지만, 누구나 아이들과 함께 있는 사람은 교육자이다. 하지만 알면서 행하는 교육과 모르면서 행하는 교육은 너무나 결과가 다르다. 무엇보다 치명적이다. 나 또한 이 책을 읽으면서 지난날 나의 무지에 대해서 많은 후회를 하였다. "부모가 되기 전에 미리 알았더라면 얼마나 좋았을까…" 이 책에서 제시하는 아이에게 건네는 말 한마디, 아이와 마주하는 사소한 눈빛 한 번, 아이를 안아주는 부모의 자세, 아이의 울음에 대처하는 방법 등 하나하나가 새롭고 생소하다. 아이와의 그 숱한 만남 속에 그렇게 많은 의미가 담겨 있다는 사실이 놀랍다. 그리고 그 작은 관계 하나하나가 쌓여 아이의 정신 세계가 구축된다는 것이 더욱더 무섭다. 이 책은 부모와 교사들에게 과학적 지식을 바탕으로 아이에 대한 올바른 이해와 함께, 현명한 관계를 형성하도록 촉구하고 있다. 또한, 인류의 최상 존재인 아이들을 교육하는데, 인생에 있어서 가장 중요한 시기인 0~3세 아이들에 대한 이해는, 인류의 진화를 이끌어가는 열쇠라고 강조한다.

얼마 전에 카톡으로 신생아 사진이 한 장 도착했다. 전 지구가 코로나바이러스로 아파하고 있을 때 이제 막 할머니가 된 친구가 손자의 사진을 보내온 것이다. 태어난 지 3일 된 아기가 하얀 포대기에 싸여 있다. 아기는 누군가의 팔에 기댄 체 눈을 감고 입을 약간 벌린 채로 자고 있다. 눈 코 입이 반듯한 아기가 눈을 감고 자는 모습을 보니 새삼 세상 모든 것이 평온한 듯 행복하게 느껴진다. 흥분된 마음으로 번역을 마무리하면서 그 아기를 생각했다. 하루라도 빨리 이 책이 그 아기 엄마의 손에 닿았으면 좋겠다고 생각했다. 세상 모든 아기와 엄마들이 더욱더 지혜롭고, 건강하고, 행복할 수 있는 길이 이 책에 실려 있다고 나는 굳게 믿고 있다.

끝으로 이 책의 출판을 위해 도움을 주신 많은 분께 감사를 드린다. 특히 Silvana Montanaro의 따님인 Marina와 아이들의 소중한 사진을 제공해주신 많은 부모님들 그리고 어려운 조건에서도 항상 좋은 책을 출판하기 위해 도와주시는 출판회사 헥사곤 조기수 대표님, 마지막으로 번역을 도와준 나의 둘째 딸과 옆에서 항상 응원해주는 가족 모두에게 깊은 사랑을 전한다.

2020. 3.
정 이비

차례

제3부 인간의 통합적 발달 Integrated Development of the Human Being

머리말

아이를 이해하는 것이 왜 중요한가?

"아이는 알려지지 않은 미지의 존재이다." 마리아 몬테소리^{Maria Montessori}의 저서인 "어린이의 발견^{The Discovery of the Child} (1948)"에서 그녀는 위와 같이 강조하였다. 그녀의 생각은 옳았다. 오늘날 정신 분석학, 심리학, 정신 의학 그리고 소아과학의 놀라운 발달이 이루어졌지만, 아직도 이러한 분야들이 통합되지 않았으며, 아직 아이의 교육에 큰 영향을 미치지 않았다.

특히 가장 중요한 인격의 모든 발달이 삶의 첫 3년 동안 일어난다는 사실을 알고 있음에도 불구하고 아이는 여전히 미지의 세계이다. 이 기간 아이는, 주로 부모 혹은 조부모가 돌보며 맞벌이를 하거나 가족 내에 아이를 돌보는 사람이 없을 때는 실제로 충분히 훈련되지 않은 어른들이 운영하는 특수 기관에 맡겨지기도 한다.

가족은 분명히 아이의 긍정적인 발달을 위한 중요하고 결정적 조건이다. 따라서 부모는 아이의 발달을 좌우하는 행복하고 통합된 강한 인간 발달의 열쇠를 갖고 있다는 것을 이해해야 한다.

모든 아이가 풍요롭게 성장하기 위해서는 적절한 인간의 도움이 필요하다. 이러한 발달에 대해 마리아 몬테소리는 다음과 같이 말한다. "그 임무는 아이를 성장시키고 완전한 인간이 되게 하는, 자아를 실현하는 것이다. 이 때문에 아이는 진실로 어른의 아버지이다."

태어났을 때 우리는 자신을 인간으로 만드는 일을 막 시작했다는 것을 깨닫는 것이 중요하며 우리는 그 일에 대한 모든 잠재력을 가지고 있다. 에리히 프롬^{Erich Fromm}은 다음과 같이 말했다. "개인의 전 생애는 단지 자신을 탄생시키는 과정에 불과하다. 사실 우리는 죽을 때 비로소 완전히 태어난다."

그러나 우리 교육 과정이 평생 진행되는 것이 사실이라면, 교육의 중요성은 아이가 어리면 어릴수록 더 커진다. 인생의 첫 발달단계는 인격 구성의 기초를 형성한다는 점에서 근본적으로 중요한 것으로 간주하여야 한다.

이 발달의 과정에 적절한 도움을 제공하기 위해서 우리는 선의와 의지만으로는 충분하지 않으며 아이에 대한 올바른 정보가 필요하다.

과학 지식과 결합한 아이를 위한 사랑만이 진정한 '새로운 교육'의 장을 열 수 있으며 인간의 발달을 돕기 위한 새로운 세계를 위해 준비할 수 있다. 이 세계는 적절하게 사용한다면 인류의 진정한 발달과 평화를 이룰 수 있도록 해 주는 위대한 기술의 힘으로 가득 차 있다. 우리가 적절한 방법으로 아이들을 돕는다면 이 발달에 이바지할 수 있다.

마리아 몬테소리는 교육에 대해 '생명을 돕는 것aid to life'으로 말했지만, 이것을 달성하기 위해 교육자는 자신의 역할과 기술의 중요성과 한계를 이해할 필요가 있다.

이 책의 목적은 태어나기 전부터 3세까지의 아이에 대한 이해를 증진하고, 삶의 시작부터 지속해서 적절한 도움을 주려는 것이다. 나는 최근의 과학적 발견을 언급할 것이고, 부모와 아이들에 대한 오랜 개인적인 관찰에 의지할 것이다.

물론 아버지와 아이와 다른 어른들 또한 아이의 주요한 보호자가 될 수 있지만, 이 책 전반에 걸쳐서 간단히 언급하기 위해, 나는 일차 보호자를 어머니로 언급할 것이다. 나는 또한 아이를 언급할 때 남아, 여아로 구분할 수도 있겠지만 여기서는 일반적인 남자 대명사를 사용할 것이다.

아이들을 올바르게 이해하는 것은 우리 자신과 우리를 둘러싼 현실을 이해하는 가장 좋은 방법이다. 이것을 위해 우리는 인간을 둘러싼 일반적인 기준틀을 명심해야 한다. 즉 삶의 프로젝트이다. 모든 인간 존재의 풍요로움은 환경의 맥락에서만, 그리고 이 환경의 도움으로 실현될 수 있다.

하지만 모든 환경에는 중요한 역할을 하는 사람들이 있다. 왜냐하면 그들만이 그것을 변형시킬 수 있고 그것이 삶의 발달에 더욱 도움이 되게 할 수 있기 때문이다.

나는 모든 개인적인 변화는 새로운 정보를 받아들이는 초기 상태에 좌우된다고 깊게 확신한다. 그 정보는 받아들여지고, 동화되고, 이해된다. 이러한 새로운 이해는 내부적인 변화를 일으켜, 결과적으로 행동에서 외부적인 변화를 끌어낸다. 지식, 이해, 그리고 변화가 교육의 과정을 통해서 삶에 도움을 준다.

1931년 로마에서 열린 강의에서 마리아 몬테소리는 "아이를 이해하며 아이를 교육할 수 있으려면 우선 아이의 삶 그 자체를 알아야 한다."라고 말했다.

교육은 인간 사이의 하나의 관계이다. 아이들과 우리와의 관계는 우리 자신을 개선하게 만들고, 현실에 대한 더 큰 인식을 얻을 특별한 기회를 준다. 이런 식으로 우리의 한계는 극복되고, 삶에 참여할 수 있는 우리의 능력도 늘어난다.

비로소 우리가 이것을 깨닫게 된 것도 지난 수십 년에 지나지 않는다. 아이는 무한한 신체적 그리고 지적인 잠재력을 지닌 채 우리 앞에 기적과 같이 서 있다. 삶에 대한 교육은 현재와 미래의 사회를 실제로 바꿀 수 있어서, 이 새로운 아이에 대한 이해는 부모, 교육자 및 아이들에게 관심이 있는 많은 사람에게 절대적으로 필요하다. 더불어, 교육자들이 명심해야 할 것은 인간의 잠재력 발달은 타인에 의해 결정될 수 없다는 사실이다. 어른들은 오직 아이들의 발달에 대해서 도움만을 줄 수 있을 뿐이다. 왜냐하면 발달은 모든 인간의 적절한 기능을 지배하는 법칙이 있는 환경에서만 일어나고, 이것은 우리를 둘러싸고 있는 전 세계와 전 우주와의 자연적인 조화를 이루어야 가능하기 때문이다.

교육의 주된 목적은 자신이 누구인지를 알고 궁극적으로 자아실현을 이룩하는 것이다. 또한 자신의 삶과 환경을 개선하기 위해 무엇을 해야 하는지를 아는 것이다.

이러한 결합에 있어서 몇 가지 기억해야 할 기본사항은 다음과 같다.

1. 아이들은 무한한 잠재력을 가지고 이 세상에 태어난다.

2. 아이들은 놀라운 자기 조절 메커니즘을 가지고 있다. 그러나 아이의 활기찬 움직임은 어른의 간섭 때문에 자주 작동이 금지된다.

3. 아이와 가까이 있는 사람은 중요하며 모두 교육자가 될 수 있다. 그들이 무엇을 해야 할지 안다면 아이들의 발달을 도울 수 있기 때문이다.

4. 0세부터 3세의 시기는 정신과 신체가 조화로운 균형에 도달해야 한다. 이후의 모든 삶은 이 첫 발달 단계의 질에 따라 달려 있다.

5. 생명에 도움을 주는 교육은 항상 우리의 과거와 조화를 이루어야 하고 미래를 바라보아야 한다. 우리는 진화라 불리는 거대한 생명의 실험에 투입되어 왔으며 이것은 약 50억 년이 걸렸다. 이 모든 역사는 개인의 발달로 재현된다. 개체 발생은 계통 발생을 반복한다.

이 책에서 우리는 과학의 도움으로 인간 발달의 다양한 단계를 고려하며 그것의 중요성을 이해하려고 노력할 것이다. 과학은 우리에게 생명의 에너지는 일탈 되거나 신체적, 정신적 병리 현상으로 변할 수 있지만, 멈출 수는 없다는 것을 가르쳐 왔다. 생명 에너지의 부정적인 결과를 피하고자, 우리는 교육을 받아야 할 아이와 그 아이들의 놀라운 잠재력에 대한 정확한 정보를 알아야 한다.

아이에 대한 지식은 교육의 기본이며 관심의 중심이 되어야 한다. 이것은 인간이 높은 수준의 정서적, 지적, 도덕적 통합으로 도달 할 수 있도록 돕는 새로운 형태의 교육이 될 것이다.

마리아 몬테소리가 20세기 초에 시작하고 그 이후 계속 현대 과학을 통해 증명된 과학적 교육학은 인간의 완전한 자아실현을 위해 점점 더 유효하고 적절하다는 것을 밝혀 주었다. 과학적 교육을 통해서 삶에 대한 큰 관심과 아이에 대한 올바른 이해를 실현할 수 있다.

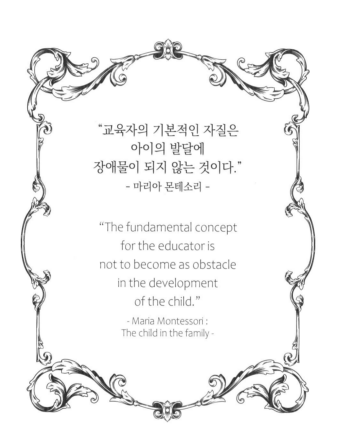

"교육자의 기본적인 자질은
아이의 발달에
장애물이 되지 않는 것이다."
- 마리아 몬테소리 -

"The fundamental concept
for the educator is
not to become as obstacle
in the development
of the child."

- Maria Montessori :
The child in the family -

제1부

'생명의 도움'인 교육

Education as an 'Aid to Life'

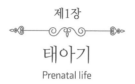

태아기
Prenatal life

도입
Introduction

"인간이라는 생명체를 이해하기 위해서, 그리고 인격이 어떻게 발달하는지를 과학적으로 증명하기 위한 연구는 인간이 생겨나는 시기로 거슬러 올라간다. 지속해서 발달한 기술력은 산모의 자궁 안에 숨어 있는 생명의 시간까지 연구할 수 있으며, 이것은 우리에게 매우 흥미로운 사실들을 밝혀주고 있다. 오늘날 이 시기는 우리의 인격이 발달하는 아주 중요한 시기로 여겨지고 이때 일어나는 일들은 평생 단기적으로나 장기적인 결과에 영향을 미칠 수 있다."[1]

수정과 임신은 우리 인생의 제1막으로, 출생 후의 환경과는 전혀 다른 곳에서 280일 동안 지내는 시간으로 구성된다. 이와 같은 특별한 환경에서도 인간은 교감할 수많은 기회가 있으며, 이 시기에 생명의 도움aid to life을 줄 수 있는 교육의 기회가 이미 존재한다.

인간은 초기부터 정신과 신체의 성장을 위해 활동적이며, 환경에 흥미를 갖는 존재이며, 그들의 신체적 정신적 성장의 원동력이 되는 다양한 종류의 자극을 찾는다.

레니 슈바르츠Leni Schwartz는 자신의 저서 《미지 어린이의 세계The world of the un-born child》에서 "우리 인생에서 가장 중요한 시간은 태어나기 전의 시간일 수 있다."

---

1 Myron Hofer, The Roots of Human Behavior, San Francisco: Freman, 1981

고 언급하면서 태아기의 중요성을 강조하였다. 이 기간에 겪은 경험이 이후 인간의 지각과 취향을 결정하는 요인이 될 수 있다고 하였다. 이러한 이유로 우리는 임신 기간의 아이는 완전히 보호된 상태이며 모든 문제는 출산 후에 일어난다는 오랫동안 알고 있었던 잘못된 편견을 바꾸도록 노력해야 한다. 삶의 모든 순간처럼 태아의 삶은 긍정적으로나 부정적으로 많은 요소로부터 영향을 받을 수 있다.

우리가 임신한 사실을 인식하게 될 때쯤이면, 이미 실질적으로 인간의 삶이 시작된 지 많은 시간이 지난 후이다. 이 '사람'은 이미 나팔관을 통해 자궁으로 도달하기 위해 3~5일을 보냈다. 사궁 점막 안에 이식되면서 접합체는, 어머니와 함께, 즉 어머니가 제공해주는 환경과 정교한 관계를 형성하고 소통을 하기 위한 시스템을 만들어간다. 이처럼 새롭게 생겨난 접합체는, 이미 어머니의 혈액을 통해 삶을 유지하기 위해 필요한 산소와 영양분을 제공받으며, 혈액순환을 유지하기 위한 작은 심장ᵃ ˢᵐᵃˡˡ ʰᵉᵃʳᵗ을 가졌다. 이와 같은 체계는 임신의 첫 단계가 시작하는 시기부터 적어도 2주 정도 진행된다. 이것을 수정란기ᶻʸᵍᵒᵗᶦᶜ ᵖᵉʳᶦᵒᵈ라고 부른다. 그 후에 인간은 배아기ᵉᵐᵇʳʸᵒⁿᶦᶜ ᵖᵉʳᶦᵒᵈˢ 상태로 들어간다. 이 시기는 인간의 몸의 모든 부분의 형태가 구성되는 시기이며, 이처럼 큰일을 하는데 8주에서 10주밖에 걸리지 않는다. 그 후 새로운 생명체의 모든 요소가 형성되는 태아기로 다다르게 된다. 임신 3개월 말이 되면 접합체는 이미 태아라 불리며, 산모의 자궁 안에서 완전한 인간의 형태를 갖추게 된다.

이 막대하게 급등하는 신체적 발달은 엄청난 양의 정신 발달과 동시에 일어난다. 가장 놀라운 현상은, 수정단계부터 시작되어 온, 신경계가 성장하며 지속해서 발달해 온 기억능력이다.

아이가 태어나기 전부터 정신 활동을 하고 있다는 사실은 우리에게 약간 낯설 수 있다. 심지어 어떤 정신적 활동인지 정의조차 내리기 어렵다. 일반적으로, '정신 활동'은 정보를 인식하고, 그에 반응하고, 경험을 쌓고 그것에 맞게 반응하는 것에 대한 어떤 수용력이라고 정의할 수 있다.

이 시점에서 우리는 단지 정신 활동의 양과 질의 차이지만, 모든 생명체는 이와 같은 활동을 할 수 있다는 것을 인식해야 한다. 예를 들어, 우리는 단세포 유기체 single-cell organism가 정보를 습득하여 그들의 자손cell-offspring에게 정보를 전달 할 수 있다는 것을 잘 안다. 식물도 주위의 사람을 인식할 수 있으며 클래식 음악을 좋아할 수 있다. (록 음악은 도리어 식물의 성장에 방해가 될 수 있다!)[2] 우리 몸의 모든 세포에 얼마나 많은 지적 정신적 활동이 있는지를 보여주는 조직의 면역 및 복구와 같은 생명을 유지하기 위해 필요한 많은 일상적인 생물학적 현상이 있다. 과학자에게는 정신 활동으로부터 신체를 분리하는 것이 점점 더 어려워지고 있다. 인간을 생각할 때, 정신psychic과 의식conscious을 구분함으로씨 정신적 활동은 분명해질 수 있다. 단지 정신의 매우 적은 양만 의식이다. 그 나머지는 정신이며 이것은 근육 운동, 호흡 변화, 심장 박동 등과 같은 신체적인 현상과 함께 나타난다.

이러한 구분은 신경 조직의 발달에 대한 연구를 하는 다음 장에서 더욱 명확해 질 수 있을 것이다.

신경계의 발달

The Development of the Nervous System

생명은 어떤 특정된 환경 안에서만 유지된다. 생명을 유지하기 위한 생명체는 지속해서 인식하고, 반응하고, 계획해야 한다. 생명체는 50억 년 동안 지구상에 존재해 왔으며 질적 양적으로 발달해 왔다.[3] 생명체는 조금이라도 더 좋은 정보를 얻기 위해서 그리고 더 잘 적응하기 위해서 점점 복합적인 생명체로 되어가고 있다. 더욱 더 정확한 역할을 위한 차별적인 능력을 획득하기 위해 새로운 세포가 생성되었으며 신경, 뼈, 근육 등과 같은 다양한 조직들이 진화되었다.

---

2 (역주) 1973년 미국의 도시 레탈렉Dorothy Retallack은 음악과 식물의 소리The sound of music and plants에서 그녀가 식물에 음악을 들려주고 얻은 여러 가지 현상을 소개하였다. 그녀는 이 책에서 "식물에 부드럽고 온화한 음악을 들려주면 식물의 줄기가 스피커를 향하면서 건강하게 성장하지만, 록이나 헤비메탈 같은 시끄러운 음악은 스피커로부터 먼 쪽으로 구부러져 있고 도중에 죽어버렸다."고 쓰고 있다.

3 (역주) 칼 세이건 Carl Sagan (1934~1996) 의 코스모스 Cosmos에서 언급된 최근 연구 결과에 따르면 최초의 생물이 지구상에 출현한 시기는 37억 년 전이라고 한다. 태양계의 나이가 46억 년이므로 태양계가 형성되고 9억 년 후에 생명이 나타나기 시작했다는 계산이 나온다.

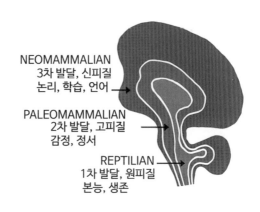

NEOMAMMALIAN
3차 발달, 신피질
논리, 학습, 언어

PALEOMAMMALIAN
2차 발달, 고피질
감정, 정서

REPTILIAN
1차 발달, 원피질
본능, 생존

(사진 1) 폴 맥클린의 "삼중 뇌" 이론

환경에 대한 이해와 반응의 첫 번째 신호는 심지어 단세포 생명체에서도 볼 수 있다. 삶이 더욱 복잡해짐에 따라 더 복잡한 신경 체계가 발달한다. (사진1 참조) 이와 같은 진행 과정은 폴 맥클린Paul McLean의 "삼중 뇌 이론"으로 알려진 3단계로 나뉜다.[4]

역사적으로 생명은 단순한 단세포 생명체에서 시작되어 인간의 복합체로 형성되었다. 수정과 함께 만들어지는 단세포에서 시작되는 개개인의 삶 안에서 우리 각자는 진화의 전 과정을 반복한다. 우리 신경계의 진화는 그다음 단계에서 진행되는 성장과 확대 과정 그리고 구체화 과정의 토대가 된다. 이와 같은 진화에서 우리는 서로 연결되어 있는 3가지 단계의 구성요소를 명확하게 확인할 수 있다. 각 단계의 구성요소는 우리 인격의 다른 특징을 담고 있다.

1. 파충류 단계the reptilian stage에서 발견되는 요소들은 (약 2억 3천만 년 전) 역사의 가장 오래되고 가장 깊은 부분으로, 자기 보존의 본능, 개체로서 존재, 영토의 방어, 그리고 사적인 요구가 나타난다.

---

4 Paul D. MacLean, A Triune Concept of the Brain and Behavior, New York: Rockfeller University Press, 1970

2. 작은(구) 포유류the lesser mammals에서 발견되는 요소들은 (1억 3천만 년 전) 사회적 의식, 관계, 소속감, 자손에 대한 보살핌, 구성원에 대한 동정심 그리고 개인보다 더 중요시되는 집단에 대한 애정과 관련 지을 수 있다.

3. 고등(신) 포유류the greater mammals에서 찾아 볼 수 있는 구성요소들은 (4천만 년 전) 세련되고 차별화된 감각의 차이, 외부 환경에 대한 특별한 관심, 긴 유아기, 합리적인 사고, 그리고 삶의 문제를 창의적으로 해결할 수 있는 능력이 더해진다.

마침내, 인간human beings에 도달했을 때는 (단지 1~2백만년 전), 대뇌피질the cortex은 몇 번씩 접혀야만 머리에 들어갈 수 있을 만큼 발달해왔다. 대뇌피질의 앞부분은 상당히 발달하여 우리의 합리적인 사고능력과 과거를 기억하고 미래에 대한 계획을 세울 수 있는 시간과 공간을 이해할 수 있는 능력을 키웠다. 수 억년의 진화가 우리 인간의 신경계에 압축되어 있다. 인간은 천억 개의 두뇌 세포 중 2~4% 정도만 쓴다는 사실에서 우리의 광대한 잠재력을 알 수 있다. 우리가 이만큼의 두뇌 능력을 갖추고 있으나 그것을 사용하고 있지 않다는 것은 놀라운 사실이다.

이 시점에서 신경계의 자극에 의한 발달과 인간의 발달, 그리고 진화를 촉구하는 중요한 요소가 어떤 환경을 제공하느냐에 따라 좌우되기 때문에 우리는 해부학과 생리학을 교육과 연관 짓게 된다. 두뇌의 각기 다른 부분들은 각기 기능을 발휘하기 위해 자극을 주어야 할 뿐만 아니라 서로 조화를 이룰 수 있도록 해야 한다. 이것을 우리는 '통합integration'이라고 한다. 이 모든 것들은 생의 첫해에 일어나야 하므로 이 시기의 교육이 우선 순위가 되어야 한다. 우리는 두뇌의 전체 잠재력보다 훨씬 낮은 수준을 사용하고 기능한다는 것을 잘 인지하고 있어야 한다. 따라서 생명의 아주 초기 단계부터 제공하는 더 나은 교육 환경만이 이러한 잠재력을 실현하는 유일한 방법이다.

신경계는 매우 중요한 부분이기 때문에 배아embryo와 태아fetus의 일부로 임신 기간 동안 가장 빨리 성장한다. 그러한 이유로 우리는 배 속의 태아의 머리는 항상 자

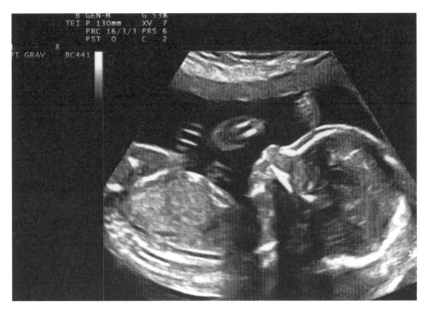

(사진 2) 초음파에서 보는 임신 마지막 주 영상

신의 몸보다 크다는 것을 확인할 수 있다.

출생 시, 만삭아는 전체 몸의 길이의 4분의 1 크기인 머리를 가지고 태어난다. (사진 2 참조) 신경 세포의 수는 임신 7개월 때 최대치에 도달한다. 1분당 20,000개의 세포 수가 계속 추가되는 것을 보면 태아의 두뇌 성장 속도는 너무나 놀랍다. 마지막 3개월 동안은 두뇌의 무게가 1분당 2.2mg씩 추가된다!

존스 홉킨스 대학의 생물물리학자인 마커스 존슨Marcus Johnson은 말했다. "우리의 뇌는 완벽한 도구로써 인간을 어디로든 데려갈 수 있다. 지금까지 우리가 생각했던 것보다 훨씬 풍요로운 삶을 살 수 있다."

우리는 단지 교육에 대한 보다 과학적인 접근을 통해 그것을 더 잘 이해할 수 있다

태아기의 풍부한 감각
The Sensory Richness of Prenatal Life

산모의 자궁은 어떠한 감각도 없는 곳이라는 생각은 완전히 잘못된 것이다. 태아는 살아있는 생명체이고 환경으로부터 수없이 영향을 받는다. 두뇌는 감각기관을 통제하며 빠르게 성장한다. 촉각, 후각, 미각, 청각 및 시각과 같은 순서로 발달하고 있다.

신생아에 대한 최근 연구에 따르면 임신 기간 동안 모든 감각이 이미 사용되고 있다고 한다. 임신 중의 태아는 미래의 새로운 환경에서의 활동을 위해 미리 준비한다. 태어나기 전의 오랫동안 몸무게와 크기가 급격히 증가할 뿐만 아니라 감각 기능도 급격히 성장한다.

태아의 감각 발달 과정을 알아보자.

1. **피부**the skin는 임신의 7~8주 후 완성되며 가장 우선적이고 중요한 감각 기관이다. 촉각은 자신과 환경에 대한 중요한 정보를 제공하는 근원이며 가장 처음 발달하는 감각 기관이다.

    우리가 아이를 둘러싸고 있는 양수를 생각할 때, 아이가 이 액체 안에서 할 수 있는 움직임, 입 가까이에 있는 손과 아이의 피부는 계속해서 자극을 받고 환경과의 연결고리가 된다는 것을 알 수 있다. 촉각은 소통 기관an organ for communication으로 역할을 하고 그 연결과의 관계를 가능하게 한다. 촉각은 완전한 소통을 위한 기관들이 아직 생성되거나 제 자리를 찾지 못하고 헤매고 있는 단계에서도, 태아가 소통할 수 있도록 도우며, 이때부터 시작된 촉각을 자극하는 즐거움은 평생 남게 된다.

    촉각은 항상 닿는 것에 의해 느껴진다. 그것은 언제나 상호관계a reciprocity이고 관계 형성의 가능성이다. 그러한 이유로 만지는 것, 즉, 촉각을 통한 자극은 항상 정서적인 차원an affective dimension과 연결된다. 네덜란드의 촉각을 통한 대화 연구소 설립자인the founder of the Institute for Aptonomic Communication 프란스 벨드만Frans Veldman은 예비 부모들이 산모의 배에 손을 대고 약한 압력을 가하도록 추천한다. 그러면 4개월 이후 태아가 움직이며 반응하는 것을 알 수 있다. 이와 같은 과정을 임신 기간 동안 매일 반복하게 되면, '태내의 정서적 애착prenatal affective attachment'과 아이가 자궁 안에 살아 있다는 사실을 부모들이 다시 한번 깨닫게 해주며 아이가 태어난 후에도 정서적인 관계를 쌓기 위한 초석이 된다. 아이는 또한 부모가 본인을 인정하고 기다리고 있다는 긍정적인 정보를 두뇌에 저장하게 된다.

2. **후각**the sense of smell은 임신 2개월에 기능할 준비가 된다. 산모가 먹은 음식을 통해 많은 물질이 양수로 들어온다. 이와 같은 물질들은 아이의 후각 기억olfactory memories을 형성하고 이유식 기간 이미 경험한 음식을 쉽게 수용하는 데에 영향을 준다.

3. **미각**the sense of taste 기능은 임신 3개월에 활성화된다. 우리는 양수에 들어오는 달고 쓴 물질들에 따라 태아가 삼키고, 찡그리고 움직이며 반응하는 것을 통해 태아가 맛의 차이를 느낄 수 있다는 것을 알 수 있다. 양수에는 산모가 섭취하는 음식의 다른 종류의 맛들이 함께 들어올 수 있다. 예를 들어, 인도의 아이들은 카레의 향을, 프랑스 남부의 아이들은 마늘의 냄새를 구분할 수 있다. 실제로 태내 후각의 기억을 통해 이후에 그들의 환경으로부터 오는 음식을 수용하는 데에 도움을 받는다.

4. **청각**the ear 기능은 임신의 2~5개월째 구조적 발달을 마친다. 높낮이가 다른 음의 폭이 있는 소리는 빠른 심장 박동을 유도할 수 있다. 우리는 태아가 이 기간 동안 내부와 외부의 소리에서 오는 청각에 의한 자극을 많이 받는다는 것을 알아야 한다. 산모의 심장 박동 소리, 숨소리와 같은 24시간 계속되는 내부에서의 소리가 있는가 하면, 엄

마와 아빠의 목소리, 음악, 소음 등 주변 환경 혹은 생활 습관에 따라 달라지는 소리도 있다. 일본에서 행해진 연구에서는 오사카 공항 근처에 사는 산모의 신생아는 출생 후에 비행기의 굉음 소리가 있어도 잠을 자지만 다른 신생아들은 그렇지 못하는 것을 알려 주었다.

태아는 부모의 언어에서 오는 특정한 형태의 리듬을 흡수하여 태아기 때부터 이미 언어를 배우는 작업을 하고 있다.

태아기 동안 노래를 불러주는 것도 중요하다. 산모가 아이만을 위한 몇 가지 특별한 노래들을 불러줄 수도 있다. 이때 불러주었던 노래들은 태어난 후에도 아이를 진정시키고 안심시키는 데 도움을 줄 것이다.

음악가인 마리 루이스 아셔^{Marie Luise Aucher}는 프랑스 지방인 피티비어즈^{Pitiviers}에서 산모들이 '태교 음악'을 접할 수 있도록 도왔다. 그녀는 소리는 귀를 통해서만 인식되는 것이 아니며 전신을 통해서 전달되며 이는 소리의 진동이 신경의 생리적 평형을 유지하고 에너지를 발생하는 데에 영향을 줄 수 있는 이유라고 하였다. 깊은 소리는 다리와 골반에서 느끼고, 높은 소리는 주로 가슴, 팔, 머리에서 느낀다. '싸이코포닉^{Psychophonic}' 실험을 통해 이와 같은 자극을 받는 태아들은 팔과 다리의 능숙한 움직임을 보여준다는 것을 증명하였다. (사진3 참조)

태아에게 노래하며 말을 건네는 것은 매우 중요하다. 이와 같은 자극은 아이의 두뇌와 신체에 마사지를 하는 것과 같다. 또한, 엄마는 노래를 부름으로써 아이를 출산할 때에 영향을 주는 흉부와 골반 그리고 횡격막의 근육을 강화하는 데에 도움을 준다.

5. **시각**^{the eye} 기능은 임신 4개월에 준비되며 아이가 태어나기 전 모든 광수용체^{the photoreceptors}가 완성된다. 자궁은 우리가 생각하는 만큼

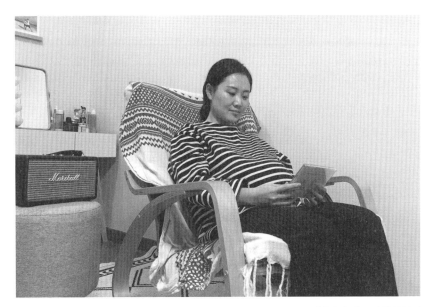

(사진 3) 태교 시 음악 듣기

어둡지 않으며 산모가 있는 곳의 주변 기후와 생활습관에 따라 다를 수 있다. 태아기 때부터 시각적인 자극이 있으면 아이가 태어난 후에도 어떠한 빛의 근원이라도 적극적으로 찾는다는 것은 분명한 사실이다.

자기 자신에 대한 태아의 체험
Children's Experiences of Themselves

우리가 지금까지 알아본 모든 풍부한 감각 기능들은 발달 중인 아이에게 자기 자신에 대한 많은 정보를 제공하고 아이 자신의 몸에 대한 대략적인 계획인 '신체 도식body map'[5]을 구축할 수 있도록 도움을 준다. 신체 도식은 우리가 존재하게 되면

---

[5] (역주) 신체 도식은 자신의 몸에 대한 개념이 마음 속에 나타나는 것이다. 오른 발, 왼 발, 오른 손, 왼손, 눈, 코 등과 같이 신체 각 부분에 대한 정보와 위치에 대한 개념 뿐 만 아니라 어떠한 동작을 할 때 몸 안 팎으로 들어오는 감각 정보에 대해 신체 구조물들이 조화로운 움직임을 만들어 내는 것이다. 몸이 불편한 지체 장애 아들은 그림을 그릴 때 손상된 부위를 작게 그리거나 아예 그리지 않는다. 이것은 출생 초기부터 몸의 감각 운동 경험을 통해 형성되는 자신의 신체 도식이 미진하게 형성되었다는 것을 의미한다.

바로 경험하는 것들 및 3차원적인 신체의 통합이다. 이것은 신체의 형태뿐만 아니라 신체를 구성하는 구성 요소들 사이의 연결관계도 포함된다. 이와 같은 신체 도식을 만들어 가기 위해 우리는, 촉각과 자기인식 기능을 이용하며 우리 몸의 무게, 체온, 위치 및 크기를 지속해서 자신에게 알려주어야 한다. 신체 도식에 대한 지식은 몸의 형태를 구분해주고 몸을 외부 환경과 구별하기 시작하도록 도와준다. 이렇게 해서 우리는 3차원의 공간에서 움직임을 시작으로, 우리의 삶의 기초를 결정하는 신체 도식을 구축한다.

신체 도식 형성에는 많은 태내의 결정 요소가 있다. 즉 이것은 아이마다 다른 경험을 하는 데 영향을 주는 요인들인 자궁 안의 양수의 양(상당히 다를 수 있다), 탯줄의 크기와 위치, 아이의 팔다리 움직임, 그리고 산모의 생활습관이 포함된다.

인간의 공간 내에서의 운동이, 태아기 때부터 개인의 정체성 형성에 직접적인 영향을 주고, 이 운동이 꼭 필요한 독립을 성취하는데 굉장한 도움이 된다는 사실은 매우 흥미롭다. 아이는 환경으로부터 움직이는 경험을 더 많이 할수록, 이후에 공동체 안에서 개인의 정체성을 찾아가는 데에 더 많은 도움을 받을 수 있다.

임신 기간 동안 어머니와 태아와의 관계
The Mother-Child Relationship during Pregnancy

이제 산모와 태아 간의 형성되는 특별한 관계의 관점에서 임신 기간을 살펴보자. 그들 각자의 삶은 생물학적 및 정신적 요인에 의해 매우 다를 수 있다.

생물학적 구성요소는 쉽게 알 수 있다. 즉 어머니의 나이, 건강 상태, 섭취하는 음식의 양과 질 그리고 어머니가 숨 쉬는 공기 모두 아이의 신체적 성장에 필요한 환경에 영향을 준다. 그러나 정신적 구성요소는 조금 더 이해하기 복잡하다.

이와 같은 특별한 삶의 기간 아이는 어머니라는 다른 그릇(용기)container과 있게 된다. 아이의 적절한 정신적 성장을 위해서는 아이와 함께하는 어머니의 품은 아이를 기꺼이 받아들이고 수용하는 태도가 매우 중요하다. 영국의 정신분석학자 비온Bion은, 이와 같은 관계를 '함께 사는 즐거움'이라 정의하였다. 이런 상황은 '기본적인 어머니의 신뢰'라 말할 수 있다. 이와 같은 신뢰는 아이에게로 전달되며 아이 발달의 자극과 조건이 된다.

이와 같은 상황에서 모든 감각 경험과 그들의 정서적 감정은 정신적 내용으로 전달 혹은 변형될 수 있으며 기억으로 남을 수 있다. 이것을 '학습'이라고 정의하고 이 과정을 통해서 아이는 생각을 시작한다.

그러나 산모가 '기본적인 불신'을 갖고 있거나 임신에 무관심하며, 이것을 심리적으로 부인하게 되면, 어머니인 그릇(용기)container과 아이와의 관계는 매우 달라진다. 비온Bion은 이를 '기생parasitism'이라고 정의한다. 이때의 모든 경험은 정신적 내용으로 전달되지 못 하고, 감각 경험으로도 변형될 수 없다. 아이는 이러한 상황을 이해할 수 없거나 이것을 정신 속에 흡수시키지 못한다. 우리가 음식을 소화하지 못할 때처럼, 이와 같은 경험은 정서적 혼란만 가져올 뿐 동화될 수 없다. 이것은 아이의 통합적인 발달과정과 일치되지 않게 된다. 삶의 정서적 그리고 인지적 구성요소는 분리되어 남아 있게 되고, 정신적 발달의 모든 과정에 크게 피해를 미치게 된다.

임신 기간의 산모와 아이의 관계에서 우리는 모든 정신적 및 신체적 삶이 거쳐야 하는 '인간의 중재' 역할의 중요성을 분명히 찾아볼 수 있다. 환경이 즉각적이고 지속적인 수용력을 보여줄 때만이 이것은 양적으로나 질적으로 향상될 수 있으며 더욱더 안정적인 인간화로 이어질 수 있다.

이럴 경우 어머니의 환경은 두 동반자의 성장을 위한 적합한 환경이 되며, 아이는 지식으로 이어질 수 있는 기능적인 정신 모델을 제공받는다. 이탈리아 정신 분석학자 프랑코 포르나리Franco Fornari는 "산모는 태아가 아직 혼자서 바꿀 수 없는 경험을 자신의 것으로 받아들이며, 아이를 돕고 살린다."고 하였다.

이와 유사한 임무로, 산모는 아이가 적절한 환경에서 발달할 수 있도록 다른 독성 물질과 이산화탄소를 제거하는 생물학적인 임무를 수행하고 있다. 임신 기간에는 어떤 것도 산모를 통하지 않고서 아이에게 도달할 수 없다. 이와 같은 관계는 새로운 인간으로 성장하는 데에 가장 중요한 요소 중 하나이다.

모든 정서, 학습, 그리고 다른 많은 형태의 행동들을 태아에게서 찾아볼 수 있다. 이와 같은 9개월의 시간을 연구하는 것은 출생 후 아이에게서 나타나는 것들을 이해하는 데에 많은 도움을 준다.

정신과 의사 레스터 존탁Lester Sontag은 불안한 어머니의 정서가 미치는 결과에 대해 많은 관찰을 해왔으며 태아기 때의 삶이 이후의 행동에 미치는 영향에 대해 30년을 넘게 연구해왔다. 산모가 불안한 경우 아이들은 더 짜증을 내거나 과민반응 할수 있으며 음식을 섭취하고 소화하는 기능에 문제가 있을 수 있다. 오늘날 우리는 산모의 정서가 태아 신체의 생화학적 특징을 변화시키고 이는 단기적으로나 장기적으로 아이에게 영향을 줄 수 있다는 것을 잘 알고 있다. 이 분야는 최근 심리학자들로부터 많은 주목을 받았으며 결과적으로 새로운 학문 분야의 하위 구분으로 태아 심리학prenatal psychology이 새롭게 등장했다. 임신 기간에의 신경계의 광범위한 발달은 태아의 활동적인 삶과 아이의 정신이 어떻게 경험을 축적하고 받아들이는지 설명한다. 이처럼 경험하게 되는 것들은 출생 후 아이의 삶에 영향을 준다.

거의 수정이 되었을 때부터 아이들을 돕고 아이에게 더 나은 환경을 제공할 수 있는 미래의 부모들이, 태아의 심리에 대한 지식을 갖는 것은 중요하다. 부모의 교육적 역할은 바로 시작될 수 있다. 첫 달부터 우리 아이와의 소통은 중요하다. 가족과 구성원은 이미 존재하고 있고 삶의 질을 향상하기 위하여 서로 도움을 줄 수 있다. 임신은 부모들에게 새로운 가족 구성원을 최선의 방법으로 돕기 위해, 그들의 생활 습관을 개선하고 재검토할 기회를 제공한다. 사랑하는 관계는 부모가 아이에게 줄수 있는 가장 좋은 유산이며 이것은 평생 결코 변하지 않는다. 인간의 사랑은 아이에게 기본적 필수품이다!

태아 의식 상태의 차이점
Different Fetal States of Consciousness

인간으로서 우리는 '잠을 자고 있을 때'와 '깨어 있을 때'와 같이 적어도 두 가지의 다른 의식 상태를 경험한다. 이러한 상태와 함께 우리는 잠을 잘 때 꿈을 꾼다. 꿈을 꾸는 동안에 우리의 눈은 매우 빠르게 움직인다. 이것을 빠른 눈 운동Rapid Eye Movement or REM periods이라고 한다. 우리 잠의 거의 25%는 꿈으로 이루어진다. 렘수면rapid eye movement sleep 단계는 90분마다 나타나며 15~30분 동안 지속한다.

잠을 자고 꿈을 꾸는 것은 생명체의 필수요소이다. 이를 박탈당한 동물들은 생명을 유지하지 못한다. 두뇌 운동의 많은 부분은 잠을 자고 꿈을 꾸는 동안에도 계속되며 이것은 뇌가 사용하는 산소량의 증가를 통해 금방 알 수 있다. 하루 동안에 새롭게 흡수된 정보를 토대로 우리는 우리가 경험한 것들을 통합하고 개인의 '프로그램'을 재검토해야 한다. 아침에 새롭게 잠에서 깨어난 인간은 어젯밤 잠이 든 사람과 같지 않다!

이처럼 서로 다른 의식 상태는 태아에게 어떤 영향을 미치는가?

매우 세심한 장치로 수행된 렘수면에 관한 연구는 태아에게 있어서 렘수면은 임신 7개월 말에 시작된다고 보여준다. 32주 된 태아는 수면시간의 70%를 이 렘수면 상태에서 보내게 된다. 임신 말기에는 수면시간의 50%가 렘수면 상태가 되며, 나머지 시간은 잠에서 깨어 있던가 꿈을 꾸지 않는 잠든 상태로 지내게 된다.

아이는 왜 그렇게 많은 시간을 꿈을 꾸면서 보내는가? 렘수면은 이미 완성된 신경계의 내부 자극이다. 이때 눈의 근육, 심장, 다른 기관 그리고 혈압 상승과 함께 격렬한 활동이 이루어진다. 또한, 이때는 출생 후에 양수를 섭취하지 않고 바로 필요한 호흡 유형을 준비하는 움직임과 같은, 급속한 호흡의 형태가 나타난다. 아이는 곧 다가올 새로운 삶의 단계를 스스로 준비하며 임신 기간의 소중한 시간을 낭비하지 않는다.

아이는 어떤 꿈을 꾸는가? 포르나리^{Fornari}는 태아의 꿈꾸는 활동은 이미지 대신 빛을 만드는 신경 에너지의 사용이라고 말하지만 우리는 아직 이것을 확신할 만큼 많은 정보를 가지고 있지 않다. 어쨌든, 태아가 그렇게 많은 시간을 그의 내면의 텔레비전^{internal television}을 보면서 보낸다는 것은 정말로 놀랍다.

탄생을 위한 준비
Preparation for Birth

아이의 탄생과 같은 중요한 순간이 얼마나 주의 깊게 제일 나은 방법으로 준비되는지 아는 것은 매우 중요하다. 태아는 환경에 필요한 모든 것들을 가지고 새로운 곳에 도착하기를 갈망하는 매우 조심스러운 여행자와 같다. 태아는 생물학적으로나 정신적으로, 자신의 여행의 '날짜와 경로'를 측정할 수 있는 미스터리 하지만 매우 예리한 지능을 가지고 있다.

임신 마지막 7개월의 태아는 산모의 자궁 밖에서도 살아남을 수 있는 발달 단계까지 도달하며 이 시기가 바로 태아가 '짐을 싸기' 시작하는 시점이다. 이는 다음과 같은 방법으로 입증된다.

1. 태아는 외부 환경의 바이러스와 미생물의 존재를 미리 알고 어머니로부터 항체^{antibodies}를 축적하기 시작한다.

2. 생후 몇 달 동안은 모유가 그의 유일한 식량이며, 그 모유 성분에는 적혈구 생산에 필요한 철분이 부족하다는 것을 알고 태아는 여분의 철분을 준비한다.

3. 자궁 경부 방향에 따라 태아의 머리가 아래쪽으로 회전한다.

4. 온도가 항상 일정한 자궁의 환경에서, 상당한 변화가 있을 수 있는 외부 환경으로 가는 것에 대비하여 많은 양의 지방을 피부밑에 축적한다.

5. 임신 말기 자궁의 크기는 더욱더 커지고, 태아는 더욱 자주 움직이고 움직임은 더욱 강렬해진다. 이것은 어머니의 관심을 태아로 집중시키고, 출생의 현실을 실감하게 한다: 태아가 곧 나올 것이며 어머니는 태아를 받아들일 준비를 해야 한다.

6. 낮과 밤으로 구분되는 우리의 시간 척도에 맞춰 태아가 준비되도록, 태아의 수면 패턴은 산모 환경의 낮의 리듬에 맞춰진다.

태아기의 마지막 시기에 일어나는 모든 일을 생각하면, 우리는 태아의 생물학적이고 정신적인 자아의 지적 작업에 감탄하지 않을 수 없다. 우리는 발달 연속체의 일부로서, 태내의 생명체가 외부적 삶으로 옮겨갈 기회를 제공하기 위해, 가능한 모든 주의를 기울일 필요가 있다는 것을 안다. 하지만 중요한 변화를 준비하는 것은 아이 자신이며, 아이는 그의 필요를 채울 준비가 된 주위의 다른 모든 사람 즉 어머니, 아버지, 의사, 간호사 등을 찾아야 한다

우리 모두 특히 부모는 태아 삶의 풍부함과 복잡성을 이해해야 한다. 이러한 지식과 아이를 향한 우리의 사랑으로 탄생의 중요한 순간을 준비할 수 있다.

제2장

탄생 : 분리와 애착
Birth : Separation and Attachment

경험의 연속 : 다른 장소이지만 같은 사람
A Continuum of Experience : a Different Place but the Same Person

앞서 우리는 아이가 임신 말기가 되어 정신적으로나 신체적으로 바뀔 환경에 대비하여 탄생의 순간을 조심스럽게 준비하는 것을 보았다. 모든 진화적 변화는 가능성을 제공한다. 삶은 변화 없이 더 나아지기 어렵다. 탄생은 어머니와의 더욱 다양하고 직접적인 관계와 넓은 무대의 경험을 제공한다. 탄생 시 일어나는 모든 일을 이해하기 위해서 우리는 다음과 같이 특별한 순간을 두 단계로 나눌 수 있다.

1. 어머니와 아이의 신체적 변화가 생긴다.
2. 신체적 변화의 발생을 돕고 발달을 지속하는 데 정신적 적응이 필요하다.

수축이 시작되기 전까지 어머니의 몸에서 나타나는 신체적 변화는 거의 미세하다. 그러나 아이가 태어날 시기가 가까워질수록 분명하고 반복되는 신호가 있으며 이를 무시하기 어려워진다. 바로 이때 어머니는 무엇을 해야 할지 마음으로 결정을 내려야 한다.

일부 여성들은 자연스럽게 탄생 과정을 밟아, 아이를 세상 밖으로 나오게 할 마음의 자세가 되어있다. 어머니 안에서 천천히 성장한 태아와의 분리를 인정하는 것은 아이와 어머니에게 현명한 태도이다. 이와 같은 중요한 임무를 수행하는 것에 대한 열망과 기쁨으로 자궁수축이 어렵지 않게 이완된 근육을 만든다. 이와 같은 태도는 팽창기the dilation period인 탄생의 첫 단계를 빠르고 고통스럽지 않도록 도와

주며, 태아의 고통(혈액의 산소 부족)에 따른 부정적인 결과를 초래할 가능성을 피할 수 있다.

그러나 어떤 여성들은 출산 준비가 되어 있지 않다. 그들은 두려워하고 다소 의식적으로 신체의 극적인 변화를 거부감으로 나타내며, 따라서 근육은 긴장된다. 특히 자궁 아랫부분의 근육이 긴장되어, 팽창 과정은 더 오래 걸리고 고통스럽다. 어머니가 적절한 방법으로 도움을 주지 못하기 때문에, 아이는 혼자 남아 세상 밖으로 나오기 위한 노력을 해야 한다. 이럴 경우 더 많은 의료적 도움이 종종 요구된다.

이와 같은 불안정은 아이와 어머니 사이의 관계이며 정신적으로나 신체적으로 출산 과정을 트라우마로 만들 수 있다. 아이가 어머니에게서 떨어져 나오는 데 시간이 오래 걸리는 출산의 경험은 산전에서 산후 생활로 전환하는 순조로운 과정에 방해 요인이 된다.

아이는 내부에서 외부로 가는 통로에 홀로 서게 된다. 이때 신체적 고통까지 겪는다면, 새로운 환경에서 환영받지 못한다고 인식하며 이것은 삶을 살아가고 성장하고자 하는 아이의 긍정적인 욕구를 빼앗을 수 있다. 이렇듯 어려움은 아이가 출산 통과 과정에서 부딪히는 것보다, 오히려 산모로 인해 아이가 그것을 대면하는 방식이며 이것이 중요하다. 어머니로부터 지지와 도움을 받을 때 아이는 이와 같은 과제를 무사히 수행하는 데에 필요한 모든 힘을 얻는다. 이때 힘은, 이후에 성장하는 데에 더 나은 가능성을 열어준다.

탄생의 과정은 어머니와 아이 모두에게 큰 보상이 될 수 있다. 과정의 마지막 단계에서 어머니는 마침내 아이를 직접 만나고, 보고, 만지고 대화할 수 있다. 반면에 신생아는 오랫동안 너무나도 잘 알고 있는 사람의 직접적인 존재감을 느낄 수 있다. 장소는 다르지만 두 사람은 그대로다. 두 동반자는 더 좋은 방법으로 함께 하며, 삶의 중요한 모든 경험을 함께 공유하는 것을 지속 할 수 있다.

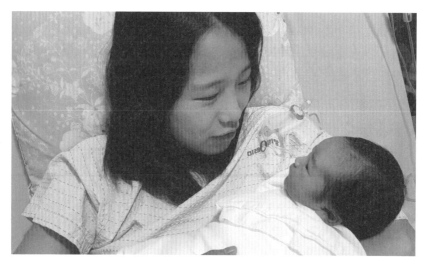

(사진 4) 신생아에게 엄마의 목소리는 중요한 기준점이다

신생아의 기준점
The Newborn's Points of Reference

신생아가 태아기 동안에 얼마나 많은 기준점을 세웠는지 이해한다면 우리는 아이를 위한 연속적인 경험의 중요성을 더 잘 이해할 수 있다. '기준점Points of reference'은 임신 기간의 일들과 연관된 특별한 기억들이다. 그 일부는 산모의 심장 박동, 목소리 등 이며 (사진 4 참조), 다른 일부는 태아의 손과 움직임 등 (사진 5 참조) 이다. 이와 같은 기억들은 아이가 새로운 환경으로 넘어가는 단계를 원활하게 해주고 새로운 곳에서 쉽게 적응할 수 있도록 도와준다. 이와 같은 기준점은 출생 전 기간과 출생 후 기간을 연결한다. 이것은 아이에게 비록 상황이 바뀌었지만 동일한 삶은 계속된다고 암시하며 아이가 태어나면서 너무 빠르게 많은 변화가 있었음에도 아이에게 안도감을 준다.

신생아의 경우 출생 직후 가능한 한 많이, 기존의 기준점을 지속하도록 존중하는 것은 매우 중요하다. 분만실에 있는 모든 사람 특히 신생아를 다루는 사람은 이러한 특별한 아이의 요구 사항을 알고 있어야 한다. 만일 우리가 그러한 중요한 탄생 양상을 생각하지 않고 잊는다면 신체적, 정신적 병리 현상을 유발할 수 있다.

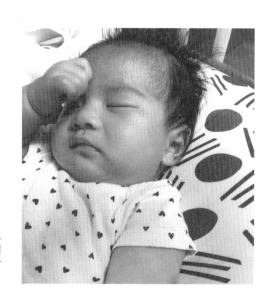

(사진 5) 신생아가 손으로
얼굴을 만질 때 중요한 개인적
기준점을 경험한다

마리아 몬테소리는 '흡수 정신$^{Absorbent\ Mind}$'에서 이 문제에 대한 우리의 주의를
촉구한다. 그리고 이러한 상황에 특히 도움이 될 누군가가 있어야 한다고 강조한다.
마리아 몬테소리는 이 사람을 '아이의 협력자$^{Assistant\ to\ Infancy}$'라 부른다. 이 과학자
는 오늘날 출산 병원의 정책 변화를 기대하며, 수년간 출산에 있어서 자연스러운 흐
름의 '사회적 중요성'을 강조하였다. 이것은 출산을 통해서 삶의 위험한 단계로 전
이되는 것을 피하기 위한 노력이다.

분리와 애착

Separation and Attachment

아이가 세상에 태어나는 것은 절대적으로 필요한 일이지만 이전의 상태에서 분리
되어야 하는 것은 때로는 가슴 아픈 일이다. 아이가 태아기에 자궁과의 모든 유대
관계를 활용한 마지막 순간이 온다. 태반은 더 성장하기 힘들며, 계속 성장하는 데
에 필요한 혈액의 양이 충분하지 않다. 아이는 모든 감각의 경험이 확대되고 더 완
전해질 수 있는, 산소가 충분히 공급되는, 더 넓은 공간을 찾아야 한다. 아이의 탄생
은 이와 같은 기회를 제공한다.

아이는 이와 같은 환경에서 어머니와 함께 한 삶의 기억들 만을 가져온다. 그렇게 필수적이었던 모든 것들이 아이가 자궁 밖으로 나오니 쓸모가 없어진다. 이와 같은 새로운 환경에는 태반, 탯줄 그리고 양수가 있을 이유가 없다. 그것의 역할은 임신 중에 준비한 장기로 대체된다.

탄생은 이전 환경의 일부였던 모든 것들과 분리되는 과정이다. 하지만 우리가 유심히 살펴보면 자연은 변화과정을 좀 더 쉽고 긍정적으로 다가갈 수 있도록 탄생 과정을 기획하였다는 것을 알 수 있다. 여기서 중요한 것은 어머니이다. 어머니를 통해서 행복한 변화 과정이 이루어질 수 있다. 실제로 '분리'는 아이의 탄생 과정이 적절한 방법으로 도움을 받지 못했을 때 일어난다. 자궁에서 탄생한 모든 포유류는 바로 어미를 찾고 어미 곁에 있게 된다. 어미의 온기와 심장 소리는 새끼가 새로운 환경에서 처음으로 경험하는 것이다. 어미는 또한 새끼의 피부를 핥는다. 새끼는 출생 후의 첫 시간을 어미 곁에서 보내고, 훨씬 나중에서야 어미는 새끼를 두고 음식을 찾으러 나선다.

아이와의 첫 만남은 어머니의 존재감과 그녀와 지속되는 우선적인 관계ᵃ preferential relationship를 재확인해 준다. 어머니의 도움으로 아이는 새로운 환경을 탐구하고 삶의 새로운 가능성을 발견하고 받아들이게 된다. 하지만 인간의 신생아를 위해 왜 이 모든 것들을 유지하고 보존할 수 없는 걸까? 우리는 왜 자궁 밖의 삶을 시작하기 위한 긍정적인 태도의 필요성을 알아차리지 못하는 걸까? 어떻게 우리는 인간의 신생아가 갓 태어난 포유류보다 친밀함이 덜 필요로 한다고 생각하게 되었는가?

아이가 태어날 때, 아이와 산모와의 관계는 보호되어야 한다. 이와 같은 관계는 생물학적이고 정신적이며 양쪽 모두에게 필수적이다. 이 관계만이 탄생을 통한 분리를, 비록 다른 방식이더라도, 임신 중의 기본 요소였던 삶의 통일감이 재생성하는 새로운 애착ᵃ new attachment을 만들어가도록 할 수 있다. 이러한 애착은 외부 간섭에 의해 잘못 인도되지 않는다면 자연스럽고 당연하다. 어머니는 아이를 보고, 만지고 안아주고자 간절히 원한다. 그리고 아이는 어머니의 손길이 닿고, 안기고 받아들여지길 원한다. 포유동물의 갓 태어난 새끼들은 생후 첫 몇 달 동안 완전하게 소화할 수 있는 유일한 음식인 어미의 모유를 통해서만 생존할 수 있다.

완벽하고 지혜로운 삶은 탄생 시 분리를, 부모와 아이에게 더 많은 도움이 되는 새로운 유대관계로 즉시 전환한다.

외부 임신의 개념
The Concept of "Exterogestation"

임신 9개월이 지나서 태어난 신생아는 혼자서 독립적인 생활을 할 준비가 되어있지 않기 때문에, 산모와 아이는 계속 함께 생활할 필요가 있다. 아이는 어른이 먹는 음식을 섭취하기 어려울 뿐만 아니라 혼자서 자유롭게 공간을 이동할 능력이 없다. 이것은 어른들의 관심이 필요한 특이한 상황이다. 이러한 사실에 대한 더 나은 이해는 부모들에게 처음부터 아이들과 함께 올바른 일을 하도록 도울 것이며 더욱이 올바른 지식과 사랑에 따른 '정상적인' 발달을 가져올 수 있게 한다.

아이의 주도적인 운동을 볼 때, 아직 미성숙한 상태이며, 어머니로부터 멀어져 손발의 네 다리로 기어갈 수 있는 능력은 생후 8개월에서 9개월 정도 걸린다는 사실은 매우 흥미롭다. 이때가 되면 아이는 모유에 의존하지 않아도 되며, 자신이 속한 환경의 음식을 섭취할 수 있게 된다. 이 시점에서 아이는, 적어도 생물학적으로, 어머니 없이 생존할 수 있다.

이처럼 중요한 시점에 도달하는 데 걸리는 시간은 아이가 어머니의 자궁 속에서 보낸 시간과 같으며, 이와 같은 이유로 생후 9개월을 '외부 임신external pregnancy or exterogestation' 기간이라고 한다.

태아는 왜 아직 외부 세계에 대한 준비가 완전하지 않은 상태에서 자궁을 나오게 되었는가? 이것은 태아의 엄청난 대뇌 피질의 크기를 보면 알 수 있다. 태아의 머리는, 임신 9개월 후에, 산모의 골반 크기에 도달하며 이 이유로 태아는 자궁을 나와야 한다.

이처럼 분명한 결점은 두 번째 임신 기간이 필요한 명확한 이유가 된다. '산모의 팔'은 아이를 지탱하는 그릇(용기)ᵃ container이 되고, '산모의 가슴'은 태반과 탯줄을 대신하는 기관이 된다. 또한 아이는, 산모와 함께, 더욱 더 넓은 인간의 환경을 체험하게 되면서 인간의 잠재력을 실현할 수 있는 많은 경험과 다양한 자극을 받을 수 있게 된다.

아이의 커다란 두뇌는 외부 환경을 보다 직접적으로 흡수하고 실제로 더 자극적인 방식으로 교육을 받을 수 있게 된다. 두 발로 걷고 언어를 통해 의사소통하는 능력은 인간이 속한 환경에서 직접적인 경험을 통해서만 얻을 수 있는 인간의 특성이다. 만일 아이가 그의 주변의 사람이 두 발로 걷고, 언어를 통해 대화하는 것을 보지 못한다면, 아이는 포유동물의 운동능력에서 멈추게 되며 인간의 목소리를 낼 수 있는 소중한 능력을 사용하지 못할 것이다. 마치 누군가가 너무나도 멋진 피아노를 가지고 있지만, 그 피아노가 얼마나 멋진 소리를 내는지 몰라서 한 번도 피아노를 연주해 보지 못한 것과 같다. 따라서 우리는 출생 후의 9개월을 내부 임신을 이어가고 완성해가는, 외부 임신 기간으로 봐야 한다. 이 기간에 어머니는 아이를 지속해서 돕고, 아이에게 새로운 세상을 소개하면서 인간이 가진 특성들을 습득할 수 있도록 해야 한다.

우리 인간의 생명은, 적어도 한 명의 어른이 보호자로서 성장하는 데에 필요한 적당한 공간을 제공하는 '생명의 협력자assist the life'가 되어야만 생물학적이며 정신적, 지속적으로 성장할 수 있다. 마리아 몬테소리는 '생명을 위한 도움aid to life'을 위해서는 탄생 후부터 교육이 필요하다고 강조하였다.

신생아 무능력의 의미
The Significance of the Newborn's Helplessness

태아가 독립적으로 움직일 만큼 성장하지 않은 채로 자궁에서 나와야 하는 불가피한 현상은 생물학적 설명이 필요하다. 태아의 두뇌는 놀랍고 빠르게 성장하기 때문에, 태아의 두뇌 크기가 지나치게 커져서 어머니의 골반을 통과하기 어렵게 되기 전인, 임신 9개월에 데이는 밖으로 니와야 한다. 더 오래 머물면 태아의 머리는 산도를 통과할 수 없게 된다.

이러한 현상을 인간 발달의 관점에서 본다면, 정신 발달의 면에서도 또 다른 흥미로운 사실을 찾아볼 수 있다. 세상에 태어난 아이에게는 생존을 위해 음식을 제공하고, 외부 환경으로부터 보호하고, 몸을 청결히 유지하고 장소를 이동할 수 있도록 도와주는, 적어도 한 명의 어른이 필요하다. 아이는 이 모든 것들을 혼자서 처리하지 못하기 때문이다.

아이는 울음으로 도움을 청할 수 있다. 하지만 아이의 이 요구는 단지 외부 환경으로부터의 응답이 있어야만 충족될 수 있다. 아이의 울음소리는 어른에게 어떤 특별한 울림을 갖게 하고, 이것은 일반적으로 아이를 돕기 위해 어른이 어떤 일이든 하게끔 유도한다. 특히 어머니는 이 부름에 더 예민하며 아이를 안정시키고, 아이가 잘 있을 수 있도록 자주 다가가서, 말을 걸고, 팔에 안으며, 아이와 함께 많은 행동을 하게 된다. 이렇게 어머니가 아이로 하여금 사람과 접촉하고 상호작용을 할 수 있도록 돕고자 하는 마음은 태어난 직후 나타난다. 이러한 현상은 특별한 민감성인 모성의 민감기the sensitive period of motherhood가 이 시기 동안 신생아를 향해서 나타난 것이다.

생존에 필요한 신체적 배려는 두 사람의 중요한 관계로 발달하고, 이를 인지하는 시간과 장소가 된다. 이렇게 함께 했던 시간 동안의 모든 감각적 경험들은 아이와 어머니의 기억 속에 남게 되고 한 사람의 여성을 어머니로, 한 명의 아이를 아들이나 딸로 변화시킨다.

이때 아이의 성장을 돕는 '우선적 관계a preferential relationship'가 시작되는 것이며 이 관계는 아이에게 사랑을 주고, 음식과 정서적인 자극을 지속해서 주는 부모가 있기 때문이다. 이 모든 것들이 가능할 때 아이가 필요로 하는 모든 것이 충족되어 아이는 균형적으로 성장할 것이다. 새로운 환경에는 역시 알아가야 할 것들이 많다. 그리고 이것은 사람과 함께 살아가면서 깨닫는 방법이 최선이다. 따라서 신생아의 무능력은 인간이 가진 잠재력의 최적 발달을 제공하기 위한, 삶의 지혜의 또 다른 표현이다.

많은 연구에서 어머니가 주는 보살핌의 질과 양은 갓 태어난 아이와 첫 며칠 동안 함께 지낸 시간의 양에 의해 강력하게 영향을 받는다고 말한다. 아이에 대한 어머니의 감정과 아이의 부름에 반응하는 방식은, 그들이 우선적 관계를 만들어 가는 민감기인 이 중요한 기간에 함께 한, 공동의 시간의 결과에서 온다. 그러나 인간의 최선의 발달을 보장하는 이 소중한 자연의 도움들은, 아주 짧은 시간 동안 진행된 다음 사라지게 된다. 아이는, 자신을 스스로 돌볼 수 없는 무능력과 허약함을 통해 우리의 사랑이 담긴 관심을 유도하게 되고, 음식과 보살핌을 받으며 인간으로 더 완벽하게 성장시킬 가능성을 만든다.

신생아의 기본적인 욕구
Basic Needs of the Newborn

지금까지 임신 과정에 대해 말한 모든 것을 본다면, 신생아는 이미 구조화된 인간이라는 것이 분명하다. 잘 발달하고 기능하는 신경계와 이미 그의 기억 속에 남아 있는 많은 경험을 가지고 있다. 모든 임신은 심지어 같은 산모라도 부모의 염색체 변이와 모성과 태아의 성장 요인에 따라 서로 다른 신생아가 나온다. 하지만 모든 신생아가 아무리 다르더라도 건강한 신체와 정신적 발달을 보장하기 위해 반드시 충족되어야 할 공통적이고 기본적 욕구는 같다.

애슐리 몬터규Ashley Montag의 저서에서는 아이가 태어나자마자 서둘러 자신을 밝히는 욕구와 충동들이 있다고 언급한다. 그와 같은 욕구는 다음과 같다. "사랑, 우정, 민감성, 깊게 사고하려는 욕구, 알고 싶고, 배우고, 일하고, 조직하려는 욕구, 호기심, 경이감, 장난기, 상상력, 창의력, 개방성, 융통성, 실험 정신, 탐구심, 회복력, 유머 감각, 낙천성, 웃음과 눈물, 정직과 신뢰, 동정심이 있는 지성, 춤과 노래에 대한 욕구이다."[6] 저자는 이 모든 것들이 아이가 건강하고 완성된 인간이 될 때까지 발달해야 한다고 강조한다.

---

6 A. Montagu, Growing Young, New York: McGraw-Hill, 1981

또한 인간은 태어날 때부터 완벽하게 작동하게 되어 있는 뛰어난 자기조절 시스템 self regulating mechanism을 가지고 있으며, 전성적으로 인간의 모든 요소를 균형적으로 성장하도록 북돋는 능력을 갖추고 있다는 것을 기억해야 한다. 지금까지 행해진 모든 연구를 바탕으로, 우리가 어린아이들과 함께 한 개인적인 경험을 토대로, 출생 후의 아이의 삶을 계획할 때, 중요하게 여겨야 할 몇 가지의 요구 사항들을 이해할 필요가 있다. 신생아에게 필요한 근본적 요구 사항들은 적어도 다음의 다섯 가지이다.

1. 어머니와 직접적인 관계가 형성되어야 한다. 그 중요한 이유는

첫째, 태아기 때의 삶을 되돌아볼 수 있는 기준점이 될 수 있다.

둘째, 아들 혹은 딸로 받아들여지고 인정받으며 어머니와의 우선적인 관계를 형성한다.

셋째, 시기에 맞게 준비된 특별한 영양분을 받을 수 있다.

넷째, 어머니와 의사소통을 형성하기 시작하고 이것은 다음에 인간과의 의사소통에 기본 모델이 될 것이다. 아이는 이미 태아기에 준비된 많은 의사소통 도구들을 가지고 있다는 것을 잊지 말아야 한다, 이것은 아이의 웃음, 울음, 표정 그리고 몸짓들이다.

2. 생물학적 리듬을 중요시해야 한다.

아이는 배고플 때 먹고, 졸릴 때 잘 수 있어야 한다. 하지만 공동생활을 해야 하는 몇몇 산부인과에서는 정해진 시간표에 따르게 하여 모든 신생아가 같은 시간에 먹고, 정해진 시간에 자고 일어나야 한다. 간호사는 그들을 모두 깨워서 어머니에게 데려간다. 이것은 어머니와 아이의 친밀감을 고려하지 않은 사람들이 정한 일정표이다. 이와 같은 방법은 잠들고 일어나는 아이의 내적 요구에 따라 형성되는 자연의 리듬에 큰 방해가 될 수 있다. 또한 낮과 밤을 구분하는 리듬에 맞추어 생활하는 데 어려움이 생길 수 있다. 또한 수면의 생리적 리듬에 영향을 주어, 아이와 부모 사이에 신체 및 정서적으로 반작용하는 요인들이 될 수 있다.

(사진 6) 시력과 움직임의 영향을 받지 않는 충분한 공간이 필요하다

3. 아이와 하는 모든 일에는 질서가 있어야 한다.

아이는 이전 환경에서 다른 환경으로 트라우마 없이 전환할 수 있도록 새로운 삶의 기준을 정할 필요가 있다. 이를 위해서 음식을 섭취하는 곳과 몸을 씻고 옷을 갈아입는 곳을 정해줄 필요가 있다. 이와 같은 행동은 반복을 통해 곧 환경을 알아가고 사람과 관계 맺는데 기준이 된다.

4. 자유롭게 보고 움직일 수 있는 공간이 필요하다. (사진 6 참조)

일반적으로 말하면 신생아를 위해 준비하는 대부분의 침대는 부적절하다. 자유롭게 움직이기에 너무 작거나, 침대 주변을 둘러싸고 있는 장애물이 시야를 방해하기 때문이다. 신생아는 매우 세심하게 집중할 수 있는 능력이 있다. 카메라처럼 아이의 눈으로 초점을 맞출 필요가 있는데 침대를 둘러싼 방해물들 때문에 아이가 보는 사물의 시야는 쪼개지며, 주위 환경을 제대로 보지 못하게 한다.

태내에서 태아의 몸과 팔다리는 활발하게 움직였다. 신생아는 매우 느리지만 움직일 수 있다. 보통, 이이기 너무 작은 침대에 있게 되고 움직임을 제한하는 옷을 입게 되면, 아이의 운동 능력은 제한된다. 아이들은 계속해서 움직이려고 시도를 하지만 불가능하다는 것을 알게 된다. 아이의 모든 움직이려는 시도는 헛된 것이 된다. 결국 신생아가 움직일 수 없다는 인식은 우리 자신에 의해 만들어지고 강화된다. 우리가 아이들에게 무심코 제공하는 침대와 옷은 확실히 이러한 운동의 능력을 방해한다. 조산아조차도 아이의 머리가 침대 끝 모서리에서 발견될 수 있다는 것이 사실이지만 그런데도 우리는 아이가 움직일 수 있다는 사실을 알아차리지 못하고 있다.

5. 모든 감각으로 새로운 환경을 탐색해야 할 필요성이 있다.

신생아는 능동적이고 주의 깊으며 우리가 상상하는 것만큼 많은 수면 시간을 필요로하지 않는다. 이것은 태아기의 감각적인 풍부함과 태아의 수면 패턴을 생각하면 이해하기가 쉽다.

불행히도 대부분의 신생아에게 탄생의 순간은 지루하고 힘들고 관심을 끌기 위해 울어야 하는, 감각이 이탈되는 시기의 시작이다. 일반적으로 아이가 울 경우 우리의 반응은 그들의 입안에 무언가를 넣는 것이다. 왜냐하면 우리는 작은 아이는 구강의 만족을 우선적으로 요구한다고 상상하기 때문이다! 그러나 이것은 사실이 아니다. 아이는 큰 두뇌를 가지고 있고 사람의 목소리와 음악을 듣는 데 많은 흥미가 있으며, 환경에서 꽃, 나무, 움직이는 물체 및 많은 다양한 것들을 볼 수 있게 되면 기뻐한다. 만약 아이의 환경이 충분한 빛도 없이 하얀 천장과 침대의 막대 살에 의해 시각적 탐색조차 방해를 받는다면, 아이의 지적 욕구와 이러한 관심은 전혀 충족되지 못할 것이다.

생각의 전환에 따라 우리는 신생아에게 풍부한 자극을 쉽게 제공 할 수 있다. 그것은 꼭 값비싼 물건이 있어야 하는 것은 아니다. 신생아가 어떤 존재인지를 이해하고, 지적인 사랑으로 무장한 '준비된 사람들' 만이, 아이들에게 귀중한 경험을 제공할 수 있다.

이것이 바로 '생명의 도움^{aid to life}' 으로써 교육의 중요성이다.

제3장

생후 6~8주의 공생
The symbiotic life of the first 6~8 weeks

공생의 의의와 장점
The Significance and Advantages of Symbiotic Life

출생 후 첫 몇 주는 아이의 성장 발달에 특별히 중요한 시기이며 '공생symbiotic life' 이라고 한다. 공생이라는 단어는 '함께 살아가는 삶'이라는 뜻이며 세상에서 두 생명체가 자신의 삶의 연속성과 삶의 질을 유지하기 위해 절대적으로 필요한 것을 주고받으며, 서로를 필요로 하는 특별한 관계를 뜻한다.

어머니와 신생아의 경우, 이처럼 공생의 시간은 약 6~8주 기간이며, 이 기간에 서로에게 어떤 것을 주고받는지 알아보는 것은 매우 흥미로운 일이다. 어머니의 존재는 아이의 생존을 위해 모유를 제공하고, 애착을 위한 기준점을 형성하도록 돕는다. 한편 신생아의 존재는 몸에서 완전히 사라진 것이 아니라는 확신을 제공하며, 젖을 빠는 행위를 통해서 어머니와 우선적 관계a preferential relationship를 수립한다. 이것은 또한 어머니의 자궁이 이전의 정상적인 크기와 위치로 줄어드는 데 도움을 주며, 출산 후 생길 수 있는 출혈과 감염의 위험을 감소시킨다. 공생 기간 각자의 역할을 통해 출산의 힘든 과정을 최상의 방법으로 뛰어넘어, 그들의 관계를 지속해서 전환할 수 있도록 도울 수 있다.

공생의 기간 동안 어머니와 아이와의 관계에 특별한 의미를 형성하는 만남의 순간이 세 차례 있다.

1. 안아 주기 Holding

아이를 팔로 안아 주는 것이다. 이를 행하는 방식은 어머니가 아이에게 가진 감정에 따라 매우 다를 수 있다. 아이와 가까이하는 신체 접촉은 아이를 향한 어머니의 태도를 느끼게끔 해서 아이가 받아들여지고 있다고 여기게 하여 아이가 새로운 환경에 쉽게 적응할 수 있도록 돕는 강력한 확신을 심어준다.

2. 보살피기 Handling

아이의 행복을 위하여 씻기고 입히며 돌 볼 때 필요한 보살핌을 위해 손을 사용하는 행위이다. 이 모든 행위는 어머니의 정서적 안정 상태가 바탕이 되어야 한다. 어머니가 아이와의 애정 어린 교류를 통한 행위여야만 이와 같은 행동이 아이 자신과 자신을 둘러싸고 있는 세상을 알아갈 기회로 전환될 수 있다.

3. 먹이기 Feeding

여기서 우리는 아이에게 음식이 제공되는 방식만을 고려하고자 한다. 모유 수유는 아이와 어머니가 함께 한 임신 기간처럼 다시 하나가 되는 아주 특별한 애착을 필요로 한다.

물론, 이것은 아이가 어머니와의 직접적인 만남의 기점이 되는 어머니의 젖가슴에 붙어 있어서 모유를 빨 때만 가능하다. 이런 식으로 신체적 정신적으로 하나가 되고, 엄마와 아이가 하루에 몇 번씩 완전한 하나 됨의 기쁨을 경험하게 된다.

이 모든 경험이 긍정적인 방법으로 행해진다면, 생후 6~8주에 이미 신생아 때와는 많이 다른 아이를 볼 수 있다. 이 아이는 신체와 정신 사이에 필요한 통합이 이미 시작되어 가고 있다. 이 시기는 정신적 탄생psychological birth의 순간으로 이것은 직접적인 인간과의 경험을 필요로 하므로 생물학적 탄생과는 다르다.

공생 기간이 끝나면 아이는 자신 속에 처음으로 새로운 삶에 대한 기본적인 지식을 형성하게 되고 이는 세상에 대한 그의 관점에 평생 영향을 끼칠 것이다. 그가 형성한 관점이 긍정적이어야 외부의 환경에서 그의 모든 욕구가 충족된다는 생각을 가지게 되고 외부 환경에 대한 '기본적인 신뢰'를 갖게 된다.

자신을 사랑으로 돌봐주는 부모와의 반복적이고 직접적인 경험을 통해서 아이는 세상이 아이의 요구에 반응하고 신체 접촉, 격려 그리고 음식이 필요할 때 제공받을 수 있다는 것을 인식하게 된다. 아이는 자신이 보내는 신호에 따른 반응이 항상 있다는 사실을 통해서 새로운 환경에 대한 신뢰를 쌓게 된다.

이러한 기본적인 신뢰는 인간에게 긍정적인 인격을 심어주고 세상을 아주 멋진 곳이라고 느끼고 어떤 상황에서든, 외부로부터의 도움을 받을 수 있다고 믿게 한다.

출생 후 6~8주 동안 일어나는 일들의 심오한 결과는 평생 계속 영향을 미칠 것이다. 어머니와 아이 모두에게 중요한 이 시기에 가능한 모든 관심과 주의를 기울이는 것은 우리의 책임이다. 부모는 아이를 받아들일 준비가 되어 있어야 하며 특히 출산과 공생이 시작되는 순간부터 지원해야 한다.

다시 한번 이 임무를 담당할 사람들의 중요성을 잊지 말아야 한다. 마리아 몬테소리는 정신 및 신체의 건강을 향상하기 위한 수단으로서 '아이의 협력자assistants to Infancy'의 역할에 대해 매우 잘 이해하였다.

아이 협력자의 역할은 아이의 인생이 시작되는 시점부터 함께해야 한다.

생물학적 안전을 위한 음식
Food for Biological Welfare

모유의 기능에 대해 자세히 알아보기 전에 포유류와 같은 특정한 동물들의 어미는 출생 시 새끼에게 필요한 음식을 제공하고 생산할 수 있는 능력을 갖춘 기관이 발달했다는 사실에 주목할 필요가 있다.

이것은 전체적인 진화의 과정에서 인간의 발달과 관련이 있으므로 기억하는 것이 중요하다. 진화 과정에서 만들어진 단계는 모든 것에 있어서 중요한 욕구에 반응하면서 나타난 결과이다. 단순히 그 순간에 중요한 욕구가 아니라, 삶을 통해 발달을 촉진하는 욕구이다. 진화 과정에서 모든 새로운 변화는 더 넓고, 더 풍부하고, 더 의미 있는 삶을 제공해 왔다. 생명은 원초적인 시작에서 현재의 복잡한 단계로 발달했고, 우리는 끝을 자세히 알 수 없는 어떤 단계까지 계속 나아갈 것이지만, 이와 같은 진화 과정은 분명히 확실한 개선을 의미하게 될 것이다.

진화 과정에서 모든 것은 변화한다. 왜냐하면 성취되어야 할 필요성과 완성되어야 할 진화 과정이 있기 때문이다.

포유류와 같은 동물들의 새끼는 어미의 몸 안에서 밖으로 나오면서 바로 어미만이 제공할 수 있는 특정한 음식을 필요로한다. 동물에 따라 다르지만, 한동안 새끼들은 환경이 제공하는 어떤 음식도 소화하지 못하며 이 특정한 영양분을 반드시 어미로부터 전달받아야 한다. 어미가 제공하는 이 음식의 가장 기본적인 기능은 그들의 생명 유지이다. 인간에게 있어서는 어머니가 태아를 위해 이미 해주고 있기 때문에 태아 자신은 어떤 소화 기능 활동도 하지 않는 단계인 임신기에서, 자신이 속한 일상의 음식을 섭취할 수 있는 순간으로 넘어가는 전환기가 있다.

출산 직후에 신생아의 소화 기관이 작동하는 때가 있지만, 이것은 나중에 성장 후 소화 기관과는 다르게 작동한다.

신생아가 고형식의 음식들을 바로 섭취하지 못한다고 이들이 더 열등한 것은 아니며, 오히려 이처럼 특별한 음식을 섭취하는 방법을 통해서 정서적 발달을 이끌기 때문에 중요하다. 이 특별한 음식인 모유는 모든 종species마다 다르며, 그 종의 신생아가 갖는 영양학적 요구와 정확히 일치한다.

우리는 이제 아이를 위한 생물학적 장점의 관점에서 모유를 살펴보고자 한다. 안타깝게도 인공 우유 또한 신생아를 위한 음식으로써 모유와 경쟁하기 때문에 두 가지를 비교해서 살펴볼 것이다.

모유를 준비하는 어머니의 신체 변화는 그 자체가 놀랍고 대단하다. 임신 초기에 시작하여 배아 말기the embryonic period, 즉 임신 3개월째에 '모유 공장the factory'은 생산 순비를 시작한다! 하지만 뱃속의 태반은 이미 어느 정노 성상하여 모유의 생산을 방해하는 호르몬을 분비하게 된다. 출산 과정에서 태반이 뱃속에서 빠져나오고, 아이가 태어나서 엄마의 젖가슴을 빠는 자극을 통한 신호를 받아야 본격적으로 모유의 생산이 시작된다. 임신 기간 동안 간혹 몇 방울 정도의 모유가 나오기도 하지만, 아이에게 필요한 실제 모유 생산을 위해서는 젖가슴을 빠는 자극과 같이 지속적인 어머니와 아이의 협력이 필요하다.

이렇게 산모는 우리가 모유로 부르는 음식을 생산하게 된다. 하지만 이것은 출산 직후의 성분과 항상 일치하는 것은 아니다. 자연은 초기 4~5일간의 신생아를 그 이후의 아이와는 다르게 여기며, 이 시기 신생아를 위해 특별히 다른 모유를 준비하였고, 이것을 초유colostrum라고 부른다. 초유는 특히 생명의 시작을 위해 고안된 특별한 음식이다.

초유 성분의 주요 내용을 백분율로 나타낼 때 우유와 명백하게 다르다.

구성Component	초유Colostrum(g/1)	우유Normal Milk(g/1)
단백질	90	13
지방	0	40
탄수화물	5~10	68

초기에는 소화 기능을 원활하게 하려고 초유에 지방이 함유되어 있지 않다. 하지만 며칠이 지나면, 지방이 조금씩 증가하고 아이의 장의 흡수 능력과 소화 기능에 필요한 담즙the bile과 췌장액pancreatic juices이 만들어지도록 도와준다.

단백질은 앞으로 있을 수치보다 7배 더 높은 수준으로 초유 중에 상당히 많이 존재한다. 이때 단백질이 특히 많이 생산되는 이유는 외부 환경의 위험으로부터 신생아를 보호하기 위해 만들어지는 항체 물질antibodies을 형성하기 위해서이다. 임신 말기 2달 동안 신생아가 어머니로부터 흡수한 항체를 통해 이미 어느 정도의 면역력을 가지고 있지만, 항체를 지속해서 공급받지 못한다면, 이 물려받은 면역력도 오래 남지 못할 것이다.

물론, 신생아는 세균과 바이러스로 가득 찬 새로운 환경에 직면하고, 감염을 막기 위해 도움을 받아야 하는 처지라서, 출생 직후의 시기는 특히 중요하다. 이것을 피하고자 부모와 떨어진 살균된 곳에 아이를 두는 것은 본래의 자연적 보호 방법이 될 수 없을 것이다. 따라서 본래부터 아이가 자신을 스스로 보호할 수 있도록 만들어진 '초유'를 제공하는 것이 필요하다. 모든 산모는 외부의 병으로부터 자신을 보호하는 항체를 갖고 있으며 실제로 신생아를 외부환경으로부터 보호할 수 있다. 성장 발달 단계에서 이 작은 생명체들을 위해 계속 많은 도움이 행해지는데, 이때 초유는 신생아에게 제공되는 방어체계의 일부분이다.

며칠 안에 초유의 단백질 수치는 감소하고, 지방의 수치는 증가하며 어머니의 모유 구성 성분은 아이가 섭취할 일반 모유의 수치로 유지된다.

초유의 또 다른 중요한 기능은 신생아의 특별한 배설물인 태변meconium을 밖으로 배설시키도록 소화 기관을 자극하는 것이다. 태변의 성분은 아이가 섭취한 양분의 배출이 아니라 내장 벽들의 박리와 소화액 및 세포들이 축적된 것이다.

이 모든 것들은 초유의 중요성과 출생 직후 아이에게 바로 어머니의 젖을 물려주어 며칠 동안 이 성분을 제공하는 것이 얼마나 중요한지를 보여준다. 제왕절개caesarian section로 아이가 태어나서 아이가 아직 기운이 없는 상태라도 아이를 신생아실에 데려가 설탕물 혹은 젖병에 인공 수유를 제공하는 방법 보다 몇 시간 기다린 후에 아이에게 젖을 먹일 수 있도록 시도하는 것이 필요하다.

우리는 초유의 여러 역할 중에서 다양한 종류의 동물성 단백질 흡수로 인한 위험을 방지하는 기능도 있음을 알아야 한다. 출생 직후 신생아의 장 점막은 동물성 단백질을 더 잘 흡수하고 통과 시켜 알레르기를 유발할 수 있다. 뉴욕의 맨하셋 대학병원Manhasset University Hospital의 켈리 스미스 박사Dr. J. Kelly Smith는 불과 며칠간 초유를 섭취함으로써 아이에게 생길 수 있는 많은 종류의 알레르기를 예방할 수 있다고 하였다. 우리는 어머니들에게 4~5일간의 초유 기간만으로도 아이의 건강에 많은 영향을 줄 수 있다고 알려 주어야 한다.

인간의 모유에만 단백질 타우린protein taurine이 존재한다는 것을 기억하는 것도 중요하다. 타우린은 신경계의 발달에 특별한 의미가 있다.

이러한 모든 요소는 생애 초기에 제공되는 모유의 중요성을 강조한다. 자연의 계획을 존중하면서 우리는 건강의 비밀을 되새길 필요가 있다.

여기서 신생아에게는 치아가 없다는 것을 생각해 볼 수 있다. 태내에서 태아는 치아의 형성을 준비해 왔으며 이제는 나올 준비가 되어 있지만, 출생 후 5~6개월 동안에는 밖으로 나오지 않은 채 잇몸에 그대로 숨어 있음으로써 젖을 빠는 데에 방해가 되지 않는다. 또한 임신 기간에 얼굴 근육은 많이 성장하지 않는데, 엄청난 근육운동을 해야 하는 젖을 빠는 행동을 통해 턱뼈와 턱이 늘어나도록 하여 적절한 순간에 치아가 밖으로 나올 수 있도록 한다. 어머니 젖을 빠는 행위는 아이의 적극적인 참여와 개인적 노력을 해야 하며 이것은 자면서도 우유병을 통해 우유를 섭취할 수 있는 인위적인 방법과는 매우 다르다.

빨기 위해 하는 노력은, 생존과 성장에 필요한 음식에 대한 즐거움을 느끼게 하고, 장기적으로는 출생으로부터 6년 후 영구치가 나올 공간을 준비한다. 자연적으로 인간의 성장 계획은 매우 정밀하게 계획되어 있으나 우리는 이렇게 세밀하게 준비된 성장 단계를 쉽게 무시하고 지나간다.

세상에 어떤 음식이 이만큼의 면역력을 형성하며 발달에 있어서 이런 성장 촉진제의 역할을 할 수 있는가?

1981년 5월에 개최된 세계 보건 기구World Health Organization에서는 임산부와 신생아의 부모들에게 모유 수유의 우수성과 장점에 관해 알리며, 다음과 같은 메시지를 인공수유를 위한 모든 광고에 표기하도록 결정했다.

"어머니들은 모유 수유에 대한 준비 그리고 진행 방법, 균형 잡힌 영양 섭취에 대한 중요성과 모유 수유를 중단하였다가 다시 실행할 경우 혹은 늦어졌을 때의 어려움에 대한 안내를 받아야 한다. 인공 수유를 진행하기 전에, 어머니들이 이 결정에 대한 사회적, 경제적 의미들을 인식하고 올바른 영양 섭취가 아이의 건강에 얼마나 큰 영향을 미칠 수 있는지에 대해 안내를 받아야 한다. 또한, 불필요한 보충 영양분 제공, 심지어 그것을 우유병으로 제공할 경우 이것은 모유 수유에 대해 잠재적으로 부정적인 영향을 줄 수 있어서 피하도록 해야 한다."

아이의 생불학적 복지 보호에 있어서 모유 수유보다 뛰어난 어떤 것을 또 얘기할 수 있을까?

인간관계를 위한 음식
Food for Human Relationship

우리는 놀라운 수유 체계와 모유 생산이 아이의 요구에 어떻게 정확히 맞춰지는지에 대해 이야기했다. 모유 수유를 시작하고 유지하는 데 있어서 근본적으로 중요한 것은 신생아의 존재이다. 아이는 젖꼭지를 빠는 신체 언어somatic language를 통해 어머니에게 "나는 여기 있고 나는 모유가 필요하다."라고 신호를 보내는 것이다. 이러한 신호는 생리학적인 자극이며 뇌하수체에 신호를 보내 모유 생산을 담당하는 프로락틴prolactin이라는 특별한 호르몬을 분비한다. 신생아에게 제공되는 모유의 양은 비워진 젖가슴에 달려 있다. 젖가슴을 더 비울수록 더 쉽게 채워진다.

비록 임신 초기부터 모유 생산을 위한 준비가 되어 있지만 생리적 자극, 즉 모유를 생산하는 데 필요한 생리적 신호인 젖꼭지를 빠는 행위는 출생 직후부터 주어지지 않는 경우가 종종 있다. 일반적인 산부인과 병원에서는 신생아를 어머니에게 데려오지 않고, 또한 젖을 먹이기 위해 어머니의 가슴에 올려놓지 않는다. 어머니의 몸은 이러한 신호를 위해 프로그래밍 되었지만, 산부인과에서 놓치고 있다.

병원에서는 휴식을 취해야 한다며 인위적으로 어머니와 아이를 분리하지만, 사실 두 사람이 진정으로 필요한 것은 함께 있는 것이다. 어머니와 아이가 해야 할 일은 너무 많지만, 임신의 기간을 행복하세 계속 연장할 수 있는 상호 간의 신호reciprocal signals가 필요하다. 어머니와 아이는 서로 간의 접촉을 기대하고 있다. 어머니와 아이의 모든 기대를 충족시키기 위해 어머니의 젖가슴에 아이를 올려놓는 것은 이것을 성취 할 수 있는 간단한 방법이다.

(사진 7) 모유 수유는 인간관계의 시작과 사회생활의 기초를 위한 음식이다

다른 포유동물과 비교하여 인간의 신생아는 어머니의 젖가슴 쪽으로 움직일 수 있는 능력이 부족하다. 왜냐하면 아직 협응력이 충분히 발달하지 않았기 때문이다. 이런 이유로, 누군가는 아이를 어머니 근처에 두는 도움이 필요하다. 그러나 어머니 젖꼭지를 아이 입에 직접 넣어서는 안 된다. 아이가 스스로 냄새를 맡고 피부로 느낄 수 있게 해야 한다.

아이가 모유를 언제 먹을지 자유롭게 선택할 수 있도록 항상 젖가슴에 접촉하도록 보장해야 한다. 이것은 음식과의 관계의 기본적인 특징이다. 항상 사랑으로 제공되어야 하며, 아이 입안에 음식을 강압적으로 밀어 넣어서는 안 된다.

억지로 먹이는 것은 아무리 어린아이라도 폭력으로 느끼게 된다. 신체에서 입은 외부 세계와의 경계이기 때문에 스스로가 항상 그것을 통제할 수 있다고 느낄 수 있어야 한다. 그렇지 않으면 안정감을 잃어버린다.

모든 신생아는 새로운 상황을 이해하고, 어머니에게서 오는 다양한 감각 자극을 받아들이고 처리하며, 다른 기준에서 어머니를 인식하고, 적절하게 대응할 수 있는 능력을 갖추기 위해 그들 만의 시간을 가질 것이다. 모든 어머니는 임신 기간 동안 태내에 있어서 상상할 수밖에 없었던 아이를 눈앞에 보면서 반응하기 위한 자신의 시간이 필요하다.

이러한 감각적 경험은 특별한 지식을 제공한다. 즉 정신과 신체의 지식을 제공하며 어머니와 아이의 관계에 일종의 각인이 된다. 그들은 감각을 통해 받은 지식으로 성장하며 근본적이고 지속적인 관계를 맺는다. 이것은 정신과 신체 모두를 꿰뚫고 이 두 사람은 특별한 방식으로 서로 종속하게 하는 포괄적인 지식을 형성한다.

모유 수유는 인간관계의 시작과 사회생활의 기초를 제공한다. 이 만남에서 어머니와 아이 두 사람은 각각 다른 시간이 필요하고, 우리는 이 첫 만남을 보호해야 한다. 우리는 모유에 대한 필요 때문에 신생아들에게 가장 중요하고 가치 있는 경험이 제공된다는 것을 기억해야 한다. 바로 다른 사람과 함께 지내는 것이다. 모유 수유는 인간관계의 시작과 미래의 사회생활의 토대가 될 기회를 제공한다. (사진 7 참조)

출생 직후에 아이를 어머니로부터 분리하는 것은 종종 그들의 연대감과 애착의 발달에 필요한 일련의 행동을 혼란스럽게 만든다. 신생아는 어머니의 팔이 새로운 삶의 안심할 수 있는 그릇(용기)the reassuring container이라는 느낌이 들 필요가 있고 어머니는 신생아를 팔에 안으며 복부의 갑작스러운 상실감을 회복할 수 있다. 태아는 임신 기간 몇 달 동안 어머니의 몸에서 점차 성장하지만, 탄생의 순간에 아주 빨리 사라졌다. 어머니의 공허감을 정신적으로나 신체적으로 극복할 수 있는 가장 자연스러운 방법은 아이와 가까이 있는 것이다. 이것은 어머니와 아이 모두에게 중요한 안정감을 제공한다. 이 안정감은 두 사람이 실제로 가장 가까이 있어야 전달될 수 있다. 비록 특별한 의학적 돌봄이 필요할 때조차도 어머니와 아이가 계속 함께 있고자 하는 요구를 무시하지 않고 확실하게 제공해야 한다. 만약 우리가 인간 발달의 미래에 있어서 이 관계의 중요성을 진정으로 이해한다면, 나머지 기술적인 부분은 자연스럽게 가능해진다. 왜냐하면 우리는 아무리 어려운 상황일지라도 어머니와 아이의 정신적, 신체적 복지를 보호할 수 있기 때문이다.

만약 탄생의 순간부터 친밀한 유대 관계를 형성하는 데 성공한다면, 이 두 사람의 삶은 모든 것이 달라질 것이다. 어떤 일이 일어나더라도 어머니와 아이는 사랑과 보살핌과 보호의 관계를 자연스럽게 갖게 될 것이다.

이러한 일이 일어나기 위해서는 어머니와 아이가 함께 있으며 자신이 서로의 동반자임을 느낄 수 있어야 한다. 간혹 병원의 체계에서 정해진 시간에만, 아이를 어머니에게 데려간다면 이것은 불가능하다. 병원에 의해 채택된 3시간의 규칙은, 신생아 위장의 크기, 젖 빠는 능력 혹은 어머니의 모유 생산 능력과 상관없이 따라야 하는 의무가 되어버렸다.

병원에서는 모든 아이가 동시에 수유를 한다. 그런데 대다수 신생아는 어머니에게 데려갈 때 보통 잠이 들어 있다. 결과적으로 아이들은 졸려서 어머니의 팔에서 잠을 자고 싶어 하고 모유에는 관심이 없게 되며 모유를 빠는 데 필요한 노력을 할 준비가 되어 있지 않다. 어머니와 아이가 수유를 위해 할당된 시간 후, 일반적으로 20~30분을 넘지 않아 아이는 신생아실로 돌아온다. 그리고 아이는 체중계에 올려진다. 아이의 무게를 측정해보면 충분한 양의 모유를 먹지 않은 사실이 드러난다. 적은 양의 모유 섭취는 아이의 수유 시간이 잘못 계획되었다는 것과 연관되지 않는다. 도리어 산모의 불충분한 모유 생산 때문이라고 여기고, 부족한 모유 섭취는 인공 수유로 대체한다. 우유가 든 젖병은 아이가 안면 근육을 움직여 빨려는 노력을 하지 않아도 쉽게 나오기 때문에 수유가 쉽게 이루어진다. 결국 다음 수유 시간에도 반복되고 이러한 행동들로 인해 충분한 양의 모유를 생산할 수 없고, 아이가 젖병을 선호한다고 믿게 된다. 사실, 이러한 수유 방법은 결코 시작되어서는 안 된다. 왜냐하면 신생아가 젖을 빨아야 모유 생산을 위한 신호가 보내지게 되는데, 위와 같은 방법으로는 신생아들이 젖을 빨지 않기 때문이다. 병원에서는 또한 신생아가 배고픔으로 인해 모유와 어머니와의 관계를 필요로 할 때조차도 어머니 젖가슴에 다가갈 수 없다. 젖을 빠는 것은 아이가 깨어 있고 가까이 있고 배고플 때만 가능한 아이의 노력이다. 이러한 조건이 충족될 때만 아이는 즐겁게 필요한 일을 하기 위해 어머니 젖에 다가갈 것이다.

이러한 접촉은 음식 이상을 제공한다. 어머니의 냄새, 어머니의 품과 따뜻한 체온, 어머니의 젖가슴과 신생아의 얼굴을 통해 느껴오는 어머니의 심장 박동 소리와 같은 모든 생물학적, 정신적 요구가 충족되는 대단히 행복하고 완벽한 만족의 체험이다. 이러한 관계는 삶이 얼마나 만족스러운지를 느끼게 해주며, 앞으로도 인간과의 관계의 기쁨을 추구하도록 가르친다.

이러한 경험을 얻기 위해 아이들이 원하는 만큼 어머니의 젖가슴에 머무를 수 있어야 한다. 아이의 성장 발달을 위한 특별한 음식을 받는 것 외에도 가능한 모든 개인적인 만족과 사회적 상호 작용이 허용되도록 도와줘야 한다.

여기에 필요한 시간은 신생아에 따라 다르며 자궁 내에서의 개인적인 발달, 체중과 근육 용량, 젖꼭지의 크기와 모양 및 어머니가 생산한 모유의 양에 따라 달라진다. 아이는 충분히 만족한 후 젖꼭지를 풀기 위해 입을 벌리고 눈에 띄게 몸을 편안하게 할 때까지 젖가슴에 붙어 있어야 한다. 그 후 완전한 만족에 도달하게 되어 근육의 힘이 풀어진다.

이 시점에서, 우리는 모유의 중요성을 더 잘 이해할 필요가 있을 뿐 아니라, 모유 수유를 위한 다른 지침이 필요함을 느낀다. 우리는 이 지침을 '자유 시간표free timetable'라 부른다.

그러나 자유 시간표라 해서 언제든지 모유 수유를 제공한다는 의미는 아니다. 우리는 신생아가 잠에서 깨어날 때마다 먹기 만을 원하고 다시 잠을 자게 된다고 생각해서는 안 된다. 우리는 몇몇 소아청소년과 책에서 신생아가 아직도 20~21시간 동안 잔다는 것을 발견한다. 그러나 태내에서도 그렇게 자지 않았는데, 어떻게 태어나서 그럴 수 있겠는가? 아이는 수십억 개의 두뇌 세포를 가진 매우 지적인 존재라는 것을 결코 잊어서는 안 된다! 아이는 먹는 것 외에도 엄마와 다른 인간과의 관계를 맺고 자신의 새로운 환경을 발견하려는 욕구를 가지고 있다.

신생아들은 때로는 많이 운다. 이것은 어른들이 자극으로부터 신생아를 보호한다는 명목으로 아이들의 감각을 차단하기 때문이다. 아이들은 단순히 지루해서, 관심을 끌기 위해 혹은 가까이 있는 사람과 함께 이야기하고 그들에게 함께 있어 달라고 요구하면서 울음을 터트린다. 그러나 어른들은 아이들이 울면 단지 아이들이 입안에 무언가를 넣어 주기를 바라는 것으로 안다. 그래서 아직 식사 때가 아니라면 옆에 있는 고무젖꼭지라도 입에 물려준다. 아이가 인간관계와 지적 탐구를 요구하는 동안에도 어른들은 그늘이 받을 수 있는 유일한 만족은 구강을 통한 만족이라고 가르친다. 새로운 환경에는 제공할 만한 것이 아무것도 없고 단지 음식이나 고무 젖꼭지로 빠는 욕구를 제공하는 것이다.

풍부한 사회적, 정신적 삶을 발달시키기 위한 아이들의 자연적인 욕구를 억압하고 왜곡하고 있다는 것을 우리는 알고 있는 것일까?

만일 우리가 신생아를 잘 관찰하고 아이가 단지 먹고 자는 데에만 관심이 있다는 편견을 버린다면, 우리는 신생아의 신체 모든 부분이 함께 움직이고, 이러한 움직임은 주위에 진행되는 모든 것을 관찰하기 위한 노력이라는 것을 알게 될 것이다. 또 우리는 아이가 인간의 목소리와 환경의 다른 소리에 얼마나 주의 깊게 귀를 기울이는지 알게 될 것이다. 그러한 경우 필요한 순간에 제공되는 수유에 대해 감사함을 알게 될 것이다. 아이들은 우리와 함께 있는 시간과 음악 및 시각적으로 흥미 있는 많은 것들을 자연스럽게 즐기고 싶어 한다. 그 후 수유 시간이 되면, 아이는 보살핌을 즐기며 음식과 함께 인간관계를 위한 또 다른 기회를 흡수할 준비를 할 것이다.

음식은 확실히 일상생활의 기본적이고 즐거운 구성 요소이지만, 환경이 제공하는 자극과 만족의 가장 중요한 원천이 되어서는 안 된다. 신생아의 모든 요구에 대해서 단지 입에 무언가를 채워 놓는 것으로 반응한다면, 우리는 매우 위험한 환경과의 관계 패턴을 시작하고 있다고 봐야 한다. 이렇게 될 경우 음식은 사회적 삶을 위한 중요한 기회로서의 가능성을 잃어버릴 수 있으며, 만족의 원천이 '누군가someone'와 관련이 있는 것이 아니라 '무언가something'와 관련된 것으로만 여기게 된다.

따라서 아이를 돌보는 어머니는 조용한 곳에서 편안한 자세로 아이를 직접 보면서 모유를 주어야 한다. 아이에게 젖가슴을 제공하면서, 책을 읽거나 누군가와 이야기하며, 텔레비전을 보면서 능숙하게 수유를 할 수도 있겠지만, 이와 같다면 단지 생물학적 급식 만을 제공하는 것으로 정신적 영양분을 배제하고 있다는 것을 알아야 한다. 이것을 보고 에리히 프롬Erich Fromm은 다음과 같이 강조한다. "우리는 단지 꿀은 주지 않고 우유만을 줄 뿐이다."

모유 수유의 '자유로운 일정free schedule'은 간격이 외부에 의해 설정되지 않고 아이를 관찰하고, 아이가 음식을 소화할 때까지 기다리는 것을 의미한다. 모유는 소화하기 위해 약 2시간 30분이 필요하므로 이와 같은 최소 간격이 지나기 전에 모유수유가 제공되어서는 안 된다. 아이가 잠 들어 있거나 수유에 관심이 없는 경우 더 긴 간격을 허용한다. 또한, 모유 생산은 하루 중 시간에 따라 다르다. 모유는 아침에 많은 양이 생산된다. 그리고 오후에는 감소하고 저녁에 다시 증가한다. 모유 수유를 경험한 여성은 아침이면 가슴이 더 무겁다는 것을 느낄 수 있다. 그런데 우리는 왜 아이가 항상 같은 간격으로 같은 양을 필요로 한다고 생각하는가? 때로는 완전한 식사가 필요하며, 때로는 조금 부족해도 좋다!

중요한 것은 24시간 동안 아이가 섭취하는 모유의 양이다. 이 양에 도달하기 위해서는 신생아들이 먹는 양과 횟수에 차이가 있음을 알게 된다. 이 횟수는 대개 외부 일과에 의해 부과된 숫자보다 낮다. 1972년 저자는 생의 첫 주 동안 수면과 수유 습관에 대한 조사에 참여했다. 추후 관찰에 의해 확인된 이 연구는 신생아가 하루에 5~6회 모유를 먹고, 마지막 모유는 오후 7~8시경에 먹는 경향이 있고 새벽 2~3시까지 잠을 잔다. 이 시간은 동시에 부모에게 불편한 시간이지만 아이는 깨서 모유를 먹고 싶어 한다. 아이를 먹이지 않으면 진정시킬 방법이 없다. 만일 빛과 자극의 정도를 낮게 유지하면서 수유를 한다면 아이는 다음 날 아침까지 다시 잠을 잘 것이다.

생후 약 6~8주, 공생 기간의 말기에 이 패턴이 바뀌고 아이는 낮의 패턴을 시작한다. 어느 날 아침, 우리는 아이가 밤새 계속해서 잤다는 것을 알게 되고, 그 후부터 야간 휴식을 취하며 이것이 지속하면서 가족 전체가 안정감을 얻는다. 그것은 우리가 신생아의 자연적인 리듬을 존중한다면 항상 기능하는 자동 조절 메커니즘이다. 부모는 이 과도기적 시기에 대해 알고, 아이가 어떤 일을 겪고 있는지 이해하는 것이 중요하다. 신생아는 밤낮의 경험이 없으며 이 낮의 패턴에 들어가기 위해 일정한 시간이 필요하다. 신생아는 그 문제가 자연스럽게 해결되기 전에 일정 시간 동안 밤과 낮의 차이를 경험해야 한다.

부모는 새벽에 깨서 수유해야 하기 때문에 깨고 난 이후 수면의 어려움을 호소할 수도 있지만, 어머니의 존재와 수유에 대한 확신은, 야간에 더 큰 고통과 불편한 상황을 피할 수 있게 한다. 단지 6 ~ 8주간 지속하는 이러한 지침을 수용하는 것이 신생아가 일상생활에 쉽게 참여할 수 있도록 돕는 제일 나은 방법이다. 우리가 새로운 환경에서 적응하기 위한 아이의 노력과 대립하면, 적당한 리듬의 장기적 교란이 발생할 수 있다. 이것은 부모들에게 더 많은 희생을 지불하게 할 것이다.

사람들이 거의 귀담아듣지 않지만, 모유 수유의 황금률a golden rule은, 위에서 말한 것처럼, 아이가 만족해서 어머니의 젖에서 스스로 떨어질 때까지 보장하는 것이다. 이것은 아이가 모유 수유로부터의 완전한 즐거움을 끌어낼 뿐만 아니라 삶에 있어 필요한 기본적인 것들을 조절해가는 중요한 감각을 배우게 한다. 아이가 젖을 뗄 준비가 되기 전에 아이를 젖으로부터 떼어 놓는 것을 목격하는 것은 정말 끔찍하다. 아이는 계속 빨고 싶지만, 자신보다 엄청난 힘이 자신의 욕구를 압도하고 있다고 느끼게 된다.

불행히도, 수유와 관계되어서 종종 간호사와 의사는 어머니에게 정해진 시간 몇 분 동안 아이에게 젖을 물리라고 지시한다. 이 충고는 생물학적 관점에서 보면 잘못된 것이다. 모유를 먹을 때 초기의 모유는 나중에 나오는 모유와 같은 품질이 아니기 때문이다. 처음에는 무기질과 단백질로 더 묽다. 나중의 모유는 더 끈적거리고 더 많은 지방을 함유하고 있다. 잘 혼합된 모유를 얻으려면 완전히 젖이 비워질 때까지 아이가 빨도록 허용해야 한다. 모유를 완전히 비우는 것은 또 다른 중요한 목표에 도달한다. 뇌하수체는 젖가슴이 완전히 비어 있고 다시 채워져야 한다는 신호를 받는다. 모유 수유의 마지막 시간은 아이가 어머니와 공유하는 가장 큰 즐거움을 제공하는 정신적 이유가 크다. 생물학적 기아를 충족시키는 데 필요한 모유의 양은 아이가 젖을 빠는 초기, 중기에 얻을 수 있다. 하지만 어머니의 존재와 음식에 대한 즐거움을 느끼는 것은 후반부에 더 많이 일어난다. 아이는 이제 배고픔을 채우고 편안한 상태에서 천천히 느리게 빨면서 눈앞에서 어머니를 더 세심하게 바라본다. 이 시간은 우리 어른들이 사랑하는 친구들과 함께 식탁에 머물면서 커피, 후식 등을 먹고 마시면서 마음의 즐거움을 공유하며 행복하게 대화를 나눌 때와 같다. 이것은 식사 시간의 일부로 사회적 상호 작용과 휴식의 기회이기 때문에 이 시간을 없애는 것은 사회적 의미를 완전히 놓치게 한다.

우리가 수유 시간을 제한하는 것은 아이로부터 완전한 만족에 도달하는 것을 막는 것이다.

이렇게 만족한 상태에 도달한 아이를 보는 것은 너무나 행복하다. 아이는 어머니 가슴에서 떨어져서 미소 짓는다. 몸은 충족된 행복에서 오는 완전한 이완을 보여준다. 하지만 젖을 빨기 위한 모든 근육 작업이 끝나는 이 시점은 아이마다 다르다. 같은 어머니에게서 태어난 아이라도 아이마다 다른 경험을 할 것이기 때문에 이것을 외부에서 판단하는 것은 불가능하다. 아이들 각각은 독특한 개인이며 다르게 반응할 것이다. 우리가 성장을 위해 가장 좋은 음식을 제공하고 있을지라도, 모유 수유에서 얻을 수 있는 만큼 인간관계의 행복과 기쁨을 줄 수 없기 때문에, 모유 수유에서 얻을 수 있는 모든 장점을 끌어내도록 노력해야 한다.

특히 출생 첫날, 모유 수유를 하는 동안은 인내심을 가져야 한다. 신생아는 아직 근육을 사용해서 작업을 하도록 훈련되지 않았음을 기억해야 한다. 아이가 평화롭고 안정된 상태를 느끼며 서두르지 않도록 도와야 한다. 이 시간은 단지 배고픔만을 채우는 것이 아니라 사랑의 관계를 주고받는 소중한 순간이기 때문에 새로운 인간의 모든 요구를 만족시키려고 노력해야 한다. 가장 중요한 것은 아이들의 미래를 위해서 정신적 욕구에 대해 만족감을 주는 것이다.

만약 우리가 수유 시간을 사랑하는 사람과 함께 있으며 기쁨을 누리는 기회로 생각한다면, 즐거움을 느끼면서 느긋하게 먹는 것은 그리 어려운 일이 아닐 것이다. 이것을 위해서 아이에게는 먹고 싶을 때 먹을 수 있는 자유가 있어야 하며, 자신이 만족할 때까지 여유롭게 먹을 수 있는 자유가 있어야 한다.

생명의 지혜

The Wisdom of Life

아직 발견되지 않은 더 중요한 사건이 있을지도 모르지만, 우리는 이제 출생 후 첫 몇 주가 많은 중요한 일이 일어나는 중요한 시기임을 알게 되었다. 신생아의 작은 크기, 무력함, 특별한 음식의 필요성 등은 모두 인간관계를 유지하는 데 매우 긍정적이며, 아이가 신체적으로나 정신적으로 성장할 수 있게 한다.

모유를 충분히 먹고 충분한 보살핌을 받으려면 하루에 여러 차례 아이를 어머니에게 밀착시켜야 한다. 과거의 중요한 기준점 중 일부는 여전히 함께하면서 아이를 지속해서 안심시키며 애착을 쌓는 경험을 통해 때로는 분리되고 새로운 삶의 장점을 발견할 수 있는 가능성을 제공한다. 이 모든 것을 주의 깊게 살펴보면, 우리는 아이가 외상없이 쉽게 발달할 수 있도록 도와주는 생명의 지혜로운 계획을 발견할 수 있다.

우선, 신생아들의 협응력 발달과 이 활동이 출생 후 어떻게 변하는지를 자세히 살펴보자. 태아가 신체의 각기 다른 부위를 규칙적으로 움직이긴 하지만 태아는 태내에서 몸을 완전히 뻗을 수 없었다. 이 상태는 태아의 삶에서 확실히 정상이지만 출생 후에는 변화해야 한다. 신생아를 관찰해보면 우리는 그들이 움직이는 것을 얼마나 좋아하는지 분명히 알 수 있다. 그들은 옷을 벗을 때마다 다리를 움직일 기회를 엿보고, 이것으로부터 얻는 즐거움은 확실히 크다고 할 것이다.

또한 작은 아이 침대나 유모차보다는 아이에게 넓은 공간을 주면, 천천히 그러나 성공적으로 제공된 공간에서 회전할 수 있다. 아이는 스스로 공간의 가장자리에 도달할 때까지 자신의 위치를 바꿀 수 있다. 이 활동은 큰 집중력으로 수행되며, 아이는 자신의 신체와 움직이는 표면 사이의 관계에서 오는 감각에 매우 예민하다. 많은 정보 수집이 이 활동과 확실히 관련되어 있으며, 아이는 이전 공간과는 다른, 외부 공간에서 자신의 존재에 대한 지식을 습득하기 시작한다.

태어난 후 얻은 이 넓은 공간에서 자유롭다는 느낌은 기쁨과 흥미와 감탄의 원천이 된다. 아이가 안락함을 느끼고 싶을 때마다 어머니의 팔을 찾는 것도 멋진 일이지만, 몸을 여러 다른 위치로 움직일 수 있는 자유를 실험하는 것도 마찬가지로 멋진 일이다.

애착과 분리가 교체되는 것은 아이 발달의 중요한 두 측면이며, 둘 다 자연스러운 방식으로 독립을 향한 아이의 발달에 기여하는 것이 분명하다. 뛰어난 지혜와 함께 삶은, 환경에서의 행동의 힘을 매일 발견하면서 인간으로 성장하는 길을 따라 나아갈 기회를 제공한다. 그러나, 애석하게도 처음부터 아이들은 이러한 귀중한 경험으로부터 멀어지고 자연스러운 발달은 방해를 받았다. 인생은 신중하게 발달 단계를 계획하지만, 어른은 모든 단계를 지연시키기 위해 헛된 수고를 하는 것처럼 보인다.

아델 코스타 뇨끼Adele Costa Gnocchi(1947년 로마에서 the Assistants to Infancy Training Program을 시작한 마리아 몬테소리의 제자)는 "세상에는 어린아이 발달을 막기 위해 조직화한 힘이 있다."라고 표명한 바 있다. 이 슬픈 상황은, 모든 생명체에 존재하는 발달의 불가사의를 더 잘 인식하고, 아이를 더 잘 알게 됨으로써 간단히 바뀔 수 있다. 그때 우리는 아이의 생명을 위해 봉사하며, 태어나는 순간부터 의식적으로 돕고 싶을 것이다.

기본적 신뢰감
Basic Trust

공생Symbiotic life은 6~8주간 지속되는 매우 짧은 기간이지만 정신적 측면과 관련하여 특히 그 중요성을 강조해야 한다. 사실 그 기간 동안 신체적 측면에서 어떤 일이 발생하는지 보기는 훨씬 더 쉽다. 즉 아이를 체중계에 올려놓고 체중이 얼마나 늘었는지, 키가 얼마나 자랐는지 측정하면 된다. 그러나 정신적 측면에서는 무슨 일이 일어났는지 어떻게 알 수 있는가? 신생아가 생물학적인 탄생에서 정신적인 탄생으로 옮겨 가야 하는 시기는 공생 시기이다. 전자는 아이가 자궁에 있는 기간으로 생물학적이지만 후자는 아이가 기본적인 정신과 신체의 통합을 획득하고 새로운 환경에 대한 기본적인 지식을 습득하는 시기이다.

탯줄을 끊는 것은 생물학적 탄생을 위해서 중분하다. 정신적 탄생은 줄생후, 외부임신의 시기에 이루어지며 어머니가 팔로 안아주는 것, 기준점, 음식, 그리고 아기가 요구할 때 항상 어머니의 반응이 있을 것이라는 확신으로 일어난다. 앞서 말했듯이, 애착의 민감기동안 이러한 긍정적인 경험은 아이의 마음속에 환경이 안전하다고 느끼게 만든다. 외부 세계는 이미 어머니를 통해서 시험 되고, 신뢰할 만한 것으로 발견되었기 때문에 영원히 믿을 수 있는 곳이 될 것이다. 아이는 새로운 상황에 직면하는 것을 두려워하지 않으며 계속 노력할 것이다. 특히, 이러한 신뢰감은 앞으로 아이가 어머니와 잠시 떨어져 있어도 견딜 수 있는 안정감을 제공할 것이다. 아이는 이때가 되면 손을 움직이고 손으로 잡는 행동을 통해, 자신의 몸의 한계를 이미 알게 되고 이것은 아이가 외부 세계에서 안전하게 느낄 수 있게 해 준다. 또한 자아the self와 비 자아non-self 사이에 분리가 일어나며, 그것이 환경 속에서 행동을 가능하게 하고, 지속해서 풍부하고 다양한 감각 자극을 받을 수 있게 한다.

환경에 대한 기본적인 신뢰감은 정신적인 자아의 첫 번째 기둥이며 이미 인생의 첫 2개월에 나타나야 한다. 이러한 신뢰로 인생은 장밋빛이 되고 아이는 보통은 낙관적인 사람으로 성장한다. 그의 인생에서 어떤 일이 일어나더라도, 어떤 어려운 상황에서도 긍정적인 해결책을 찾기 위해 계속 노력할 것이다. 그를 둘러싼 세계는 선하며 가치 있고 즐거운 삶으로 인식될 것이다. 미래의 삶을 위해서 그러한 세상의 중요성을 인식하는 것은 당연한 일이 아닌가!

그렇게 큰 인식의 변화를 주기에 공생의 삶이 2개월이라는 기간으로 너무 짧다고 느껴지지만, 사실 임신 초기 3개월 동안 아이의 신체의 모든 부분이 급성장하는 것을 우리는 또한 알고 있다.

인간의 발달은 실로 놀랍게 빠른 것이며, 이러한 이유로 성장하는 아이의 지속적인 변화에 대처하기가 쉽지만은 않다. 생후 2개월이 되면 신생아는 완전히 다른 아이가 되며 새로운 접근이 필요하다. 공생 기간 근본적으로 의지했던 어머니와의 우선적 관계는 이제 더이상 같은 방식으로 필요하지 않다. 물론 어머니의 사랑과 보살핌 덕분에, 아이는 그 후에 진행되는 과도기의 시기를 행복하게 지내게 된다. 하지만 이제는 어머니와 다른 방식으로 중요한 관계를 유지하게 된디. 공생 단계가 끝나면 두 파트너는 함께 살 수 있는 다른 삶의 방식을 찾아야 한다. 두 사람의 관계가 발전하여 이제는 더 많은 자유를 누리게 된다.

공생의 시기에 적절한 유형의 애착이 형성되면 자연적 분리가 생겨 정신적 탄생이 이루어진다. 이것은 이 기간에 아이의 욕구가 완전히 성취된 경우에만 이루어질 수 있다. 자연의 섭리에 따라 인간의 조화로운 발달을 위해 서로를 지원하는 생물학적이며 정신적인 요구가 어떻게 조합되는지를 보는 것은 놀랍다. 모든 부모와 성인은 적절한 도움을 주기 위해 아이의 생물학적이고 정신적인 탄생을 이해해야 한다. 우리는 아이들에게 영원히 남아 그들의 삶의 질을 좌우할 수 있는 소중한 선물을 줄 수 있다. 기본적 신뢰감은 근본적이며 짧은 시간 내에 확보될 수 있다. 공생이 끝나면, 이 신뢰감이 생겨야 한다!

우리가 분리라고 부르는 과정은 긍정적인 면에서, 훨씬 더 넓은 외부 현실로 향하는 출구와 마찬가지이다. 우리는 각 단계의 분리를 점점 더 풍부하고 다양한 차원의 현실의 문으로 생각할 필요가 있다. 이 길을 성공적으로 완수하려는 사람은 다음 단계의 선택 사항을 다룰 준비가 되어 있어야 한다. 만일 이러한 변화에 대해 부정적 측면이 강하고, 새로운 조건에 대한 적응을 고통스러워만 한다면, 이전의 상태를 선호하게 되고 자신의 발달을 위한 어떠한 노력도 하지 않을 것이다. 그런데, 분리의 과정에서 사람은 혼자서 성장할 수 없다. 아이에게 더 많은 기회를 제공하는 환경으로의 여행을 돕기 위해 중재자가 필요하다. 중재자의 역할은 아이가 제시하는 순간의 요구에, 깊은 관심과 주의를 기울이며 올바른 방식으로 반응하는 것이다.

하지만 공생 기간에 어른들이 지나치게 앞서서 반응을 하면, 아이는 미처 요구하거나 요구한 것에 대한 답을 얻는 경험도 해보지 못할 것이다. 또한 아이의 요구에 즉각적으로 반응하지 않는다면 아이는 환경이 자신의 요구에 응답하지 않는다는 부정적인 인상을 받을 수 있다. 아이의 요구에 대한 적절한 반응의 부족은, 기본적인 신뢰감 형성을 저해하고, 인생에서 가질 수 있는 가장 큰 기쁨인 낙관주의자로 성장할 기회를 잃어버리는 결과로 이어질 것이다.

제1장

아버지의 존재
The Father's presence

아버지란 누구인가?
What is a father?

설령 아버지가 누구인지 모르더라도 모든 아이에게는 아버지가 있다. 여기에서 토론할 아버지의 대상은 생물학적 측면이 아니라 교육적 측면이다. 이 장에서는 아버지의 존재가 아이의 삶에 미칠 수 있는 영향을 살펴볼 것이다. 분명히, 삼촌이나 형, 가족의 친구, 교사가 아이에게 시간을 할애할 수 있는 사랑과 인내가 있다면, 아버지의 역할을 제공할 수 있다.

우리는 부성 본능ᵃ paternal instinct(또한, 모성 본능)은 없다는 것을 알고 있지만, 어릴 때 자신의 종족의 대표자들이 자신의 자식이 아니더라도 받아들이고 돌봐야 한다고 믿는 부성(그리고 모성)에 대한 인간의 잠재력이 있는 것은 알고 있다.

이 일반적인 잠재력 외에도, 삶에 있어서 부성(그리고 모성)을 위한 민감기라는 특별한 순간이 있다. 아이가 태어난 후 최초의 시간과 나날들이 해당된다. 이 민감기를 효과적으로 이용하려면 아이와 직접 접촉을 해야 한다.

다행히 우리 문명의 문화적 및 사회적 조건의 변화로 인해 남성들은 아이에게 애정을 더 많이 표현할 수 있게 되었다. 즉, 아이들은 태어날 때부터 그들의 삶에서 아버지의 존재로부터 도움을 받을 수 있다.

오늘날 사회에서 아버지의 헌신을 고려하지 않고 아이의 정서적, 사회적 성장을

(사진 8) 아버지와 아이와의 신뢰 관계가 형성되는 모습

생각할 수 없다. 아버지는 아이 생애의 모든 순간순간에 중요하다. 또한 동시에 중요한 것은 아버지가 어머니와 맺고 있는 관계이다. 부부 사이의 균형과 조화가 있을 때, 아이와의 관계는 지나친 애착과 소유욕이 아닌 진정한 사랑과 애착으로 일치될 것이다. 서로 사랑하는 부모는 아이와의 관계에서도 정서적으로 부족한 점을 보상받으려 하지 않을 것이다.

아버지는 물질적 지원만을 제공하는 것이 아니라, 아이를 돌보고, 이야기하고, 함께 놀기 위해 시간을 투자하고 사랑을 제공하는데 필요한 존재이다. (사진 8 참조) 이러한 역할은 요즈음에는 가족 내 자녀 수가 제한되어 있어서, 그들 각각에게 좀 더 개인적인 관심을 기울이기 쉽다는 사실에 의해 촉진된다. 동시에, 전형적인 소가족 형태는 부모 두 사람으로 구성되어 있고, 아이들은 어머니와 함께 있는 데 많은 시간을 보내는 경향이 있기 때문에 아버지의 존재는 더욱더 요구된다.

오늘날과 같은 기술 사회에서는 아버지의 직장 생활과 가정에서의 역할 사이에 관련이 거의 없기 때문에, 아버지는 낮에도 집에 없다. 또한 아버지는 아이의 어린이집이나 유치원에도 관여할 일이 많지 않아 아이는 주로 어머니에게 둘러싸여 있는 상황에 놓이게 된다. 특히 생애 첫해에 종종 그러한 불균형한 상황이 심하게 나타나면서 아버지의 존재가 더욱 중요해진다. 아버지의 존재는 인류의 다른 절반에 대해 배울 가능성을 암시한다. 아들 또는 딸의 발달에 있어서 그의 협력은 아이의 유전 정보의 절반을 제공하는 선물처럼 자연스럽게 연속적으로 이어져야 한다. 아버지의 도움으로 새로운 인간인 아이의 잠재력은 훨씬 더 많이 실현될 것이다.

양 부모의 중요성
The Importance of Both Parents

오늘날은 파트너와 직접적인 관계없이도 아이를 가질 수 있다. 시험관 아이와 같은 내용이 잡지의 페이지를 채우며 인간의 재생산은 오직 생물학적 또는 기계적으로 중요한 문제가 되었다는 인상을 준다. 우리가 사는 현실을 통제하려는 욕구는, 재생산을 이해하고 대응하는 대신, 재생산의 정서적 측면과 생물학적 측면을 완전히 분리하려는 상황에 이르렀다. 의학 기술은 우리에게 수정란기zygotic, 배아기embryonic 그리고 태아기fetal periods 등의 '자연적'인 존재인 인간과는 완전히 다른 인간을 만들어 낼 수 있게 해준다. 처음부터 아이에게 기억이 존재하기 시작하고 기능한다는 사실은, 우리의 마음속에 현 상황의 삶에 대한 철학적이고 도덕적인 태도에 대한 중요한 질문을 던진다.

우리는 여기서 근본적이고 실존적인 문제를 제기하려는 의도는 없으며 단지 아이의 발달에서 두 부모의 필요성을 강조하고 싶다. 그러한 부분이 우리의 연구에 필요하다는 것을 기억하면서, 인간의 삶에서 생물학적, 정신적 측면을 고려하는 것이 중요하다. 인간의 경우 이러한 두 가지 측면은 항상 상호 연관되어 있으며 조화롭게 발달할 수 있을 때만 만족을 느끼고, 행복하게 일하는 것이 가능하다.

새로운 인간의 신체 특성에 대한 상세한 프로그램을 만드는, 임신 시 두 부모의 염색체the chromosomes(아버지의 염색체 수 23개와 어머니의 염색체 수 23개)의 상

(사진 9) 가족은 인간 사회의 기본 단위이다

호 작용을 지배하는 유전 법칙에 대해 놀라움을 설명하기 위해서는 많은 단어가 필요하지 않다. 그들의 혼합blending, 우성dominance 또는 돌연변이mutation는 독특한 사람을 만들어 내며 같은 부모가 몇 명의 자녀를 갖기로 하든 각각의 아이는 다를 것이다. 이러한 법칙은 삶이 많은 목표 즉, 각 인간의 생물학적 정체성의 보존, 좋은 특성의 선택 및 나쁜 특성의 거부 등을 달성 할 수 있게 한다. 이렇게 삶의 질이 향상된다.

그러나 만약 우리가 아버지의 유전적 역할만을 생각한다면 그 중요성은 크게 감소할 것이다. 두 파트너가 임신을 결심하거나 임신과 관련이 있는 순간부터 새로운 인간을 돕고 보호하기 위해 협력할 기회가 주어진다. 아버지와 어머니는 '기본적인 인간 사회'를 대표한다. 이 기본적인 인간 사회에서 아이는 자신의 잠재력 발달에 대한 최초의 기본 경험을 하게 된다. (사진 9 참조) 인간은 남성과 여성의 염색체의 단순한 유전으로부터 왔지만 완전한 인간의 특성을 획득하려면 인간의 환경이 필요하다.

가족은 아이가 부모와의 관계에서 비롯된 개인적이고 사회적인 행동의 측면을 관찰하고 흡수하는 인간 사회의 기본적 공동체이다. 이것은 모두 어른의 생활의 여러 형태로 특징 지어진다. 이것은 교육적인 부성paternity과 모성maternity으로 생물학적 양육과 접목되며 절대 그 둘은 분리되어서는 안 된다. 우리는 다음 순서로 아이가 발달하는 여러 단계 동안 아버지의 교육적 역할에 관해서 이야기 할 것이다.

임신 기간의 아버지
The Father during Pregnancy

아버지의 애정 어린 지지는 임신 기간 동안 산모와 태아의 관계를 크게 향상시킬 수 있다. 태아의 정신 활동은 아주 활발하기 때문에 임신 중에도 가능하다. 어머니와 태아 사이의 대화는 아버지도 쉽게 참여할 수 있다. 아이는 제삼자의 목소리(자궁에서도 들을 수 있다.)를 들을 수 있고 누구인지 구별하는 법을 배우기 때문에 출생 전에도 관계를 시작할 수 있다.

아버지가 어머니를 사랑하고 어머니에게 주는 긍정적인 감정은 어머니의 몸을 통해 아이에게 전달되며 결국 아이가 살아가는 환경을 개선한다. 부부 모두는 출산 과정에 참여할 수 있으며 더 나은 출산을 위해서 함께하는 것이 아이에게 직접적인 도움이 된다. 이러한 준비 과정은 단순히 출산을 위한 기술만을 의미하는 것은 아니다. 부부출산 교실과 같은 수업은 집에서 아이를 낳게 될 때 발생할 수 있는 문제를 생각하고 해결하는 방법을 이해하는 중요한 기회가 되기도 한다.

아이가 태어나기 전에 준비해야 하는 많은 실제적인 것들은 부모의 교육 태도에 의해 결정되며, 이는 주로 자신의 가족 경험에서 비롯된다. 이러한 태도를 다른 부모와 함께 나누는 시간을 갖는 것은 가족의 미래에 매우 유익하다. 아이가 태어나서 새로운 삶으로 더욱 바빠지기 전에 가구, 옷, 수유 방법, 신생아가 필요로 하는 수면의 양 그리고 아이의 정신 및 운동 능력을 이해하고 계획할 필요가 있다.

출산 준비 수업에서 아버지의 적극적인 참여는 그룹 토의를 풍부하게 할 뿐만 아니라 어린아이에 대한 태도와 편견을 바꾸는 데 도움을 줄 수 있다. 수업은 다양한 관점과 다양한 경험을 소개한다. 이 수업은 또한 부모들이 새로운 아이디어와 제안을 가지고 가정에서도 계속 토론 함으로써 미래의 부모가 될 준비의 기회를 제공한다.

다가오는 인간의 신체적, 정신적 복지에 대해 부모로서 아이의 미래의 필수 조건을 생각해보면서, 두 부모는 그들의 교육적 역할을 깨닫고 새로운 책임감을 느낄 수 있다. 그들은 이미 세상에 새로운 삶을 시작하는 공통의 프로젝트에 하나로 뭉쳐져 있지만, 자신들이 아이의 삶에서 얼마만큼 중요한지를 깨닫는 것은 부모인 두 사람 사이를 더 가깝고 더 깊은 관계로 발전하도록 만들 수 있다.

출산 과정에서의 아버지
The Father at Childbirth

아버지는 긴 출산 과정 동안 그리고 출산 중에 중요한 역할을 할 수 있다.

많은 문화에서 일어나는 공통된 태도는 출산은 여성의 역할이며, 남성은 이 특정한 시기에 여성의 곁에 있으면 안 된다는 것이다. 각국의 문화에는 아이가 태어날 때 산모를 돕는 일을 전문으로 하는 여성들이 있었다. 이 '전문가' 외에도, 친척들과 이웃들은 항상 산모 근처에 있으며 산모가 진통 하거나 출산을 할 때 혼자 남겨두지 않았다.

의학 발달로 감염 상황을 발견하거나 위급한 상황에서 외과적 개입이 가능해지면서 출산을 위해 선호하는 장소는 집에서 산부인과 병원으로 바뀌었다. 그 결과 전통적으로 어머니에게 애정 어린 지지를 해 주던 사람들은 병원에 동행할 수 없었고, 산모는 낯선 의사와 간호사의 보살핌을 받으며 홀로 남겨졌다. 기술은 산모와 아이에게 확실히 보급되었지만, 출산 시 산모가 갖는 정신적인 부담감은 충분한 관심을 받지 못했다.

점차 출산의 자연스러운 과정은 의학적인 개입으로 바뀌었다. 하지만 사람들은 과도한 기술이 그렇게 유익하지 않다는 사실과 여성들이 아이를 낳는 것을 돕는 다른 방법늘이 발견될 필요가 있다는 점을 깨닫기 시작했다. 수십 년 후, 다른 출산 준비 방법이 개발되어 이 문제에 대처하는 새로운 방법이 열렸다. 여성은 출산이 중요한 순간이라는 것을 이해하며 이것은 아이를 갖기 위한 더 큰 프로젝트의 일부일 뿐이라는 것을 알게 되었다. 우리는 이제 이 순간을 준비하면서, 어떤 일이 일어나고 어떤 기술이 출산에 도움이 되는지 충분한 지식을 얻을 수 있다.

출산은 만만치 않은 일이다. 하지만 우리는 더 나은 방식으로 출산하도록 훈련받을 수 있다.

우리는 산모가 스스로 출산을 대비해야 한다는 생각은 쉽게 받아들이지만, 출산 시 아버지가 산모와 함께 있으며 서로에게 도움을 줘야 한다는 생각은 항상 저항에 부딪혔다. 그 이유는 출산하는 동안 여성들이 출산 모습을 파트너에게 보여주고 싶어 하지 않는다는 것과 남성들은 상황에 대처할 준비가 되지 않았다는 것, 감염의 위험성 등이 있다는 것이다. 그러나 오늘날 여성들의 자의식이 강해지고 일반적으로 사회에서 건강에 대한 문제 인식이 높아지면서 이러한 반대의견은 약화되었다. 따라서 출산 시 아버지가 함께하는 것은 이제 받아들여질 수 있게 되었고 차츰 필요한 준비를 마친 아버지들은 병원과 분만실에 들어가기 시작했다.

아버지들의 존재는 출산 시 산모를 곁에서 지원했던 사람들의 현대판 버전이다. 많은 세대가 함께 살았을 때 가정에는 항상 인생의 중요한 상황을 도울 준비가 되어 있는 여성들이 있었듯이 오늘날에는 대가족이 더 이상 존재하지 않기 때문에 아버지의 존재가 더욱 중요하다.

아버지는 산모를 정신적으로 지원하는 역할을 할 뿐만 아니라, 출산 과정에 실제로 참여할 수 있다. 산모의 오랜 시간의 확장기the dilation period 동안 산모와 함께하면서 파트너를 격려 할 수 있고 또한 출산의 순간이 왔을 때 함께 분만실에서 마지막 만출기the expulsive phase 때에 산모의 머리와 어깨를 받쳐줄 수 있다.

이것이 아버지가 출산을 위해 "기여"하는 방법이다. 출산 시 함께하는 파트너의 역할에 관한 연구를 살펴보면 파트너의 협업이 여성에게 긍정적인 영향을 미치는 것으로 확인되었다. 강렬한 고통은 덜어지고, 사용되는 약은 줄어들며, 힘든 순간을 함께 이겨냈다는 동질감이 생겨 부모로서 만족감이 커진다.

1974년 이래로 미국 산부인과 협회American Obstetric and Gynecological Association에서는 아버지가 분만실에 함께 하는 것을 승인했지만 이 관행이 모든 병원에서 채택된 것은 아니다. 오늘날의 부모들은 부모로서 다양한 자질에 대한 중요성과 더 많은 기회를 얻기 위해 출산의 경험을 나누고 싶어 하는 경향이 있다. 아이가 자라게 되면, 부모들은 새로운 책임에 대처할 준비를 하고, 이 새로운 삶을 위한 환경을 개선하기 위해 할 수 있는 모든 일을 할 준비를 하고 있다.

물론, 아버지는 전문가들에 의해 행해졌던 도움을 대신할 수는 없지만, 출산 방식에 변화를 가져오는 것을 확실히 도와주고, 산모가 아이를 돌보는 데 결코 혼자가 아니라는 것을 느끼게 할 수 있다.

공생 시 보호 장벽인 아버지
The 'Protective Barrier' of Symbiotic Life

아버지는 출생 후 첫 몇 주 동안 어머니와 신생아에게 또 다른 형태의 기본적인 도움을 줄 수 있다. 우리는 이미 출산 후에 오는 민감기와 '생물학적biological' 탄생에서 '존재론적ontological' 탄생으로 이동하기 위한 출산의 중요성에 관해 이야기했다. 이 시기 아이의 행복의 질은 하루에도 몇 번씩 아이가 요구할 때마다 들어 줄 수 있는 사람이 주변에 있느냐 없느냐에 따라 상당히 달라질 수 있다.

준비된 아버지는 보살핌을 통해 어머니와 아이 사이에 확립되어야만 하는 특별한 관계의 중요성을 알고 있다. 아버지는 공생 기간에 특히 모유 수유와 어머니의 보살핌을 위해 많은 시간이 필요하다는 것을 알고 있다. 따라서 이 시기 아버지의 첫 번째 역할은 '보호 장벽protective barrier'이 되는 것이다.

출산 후 산보가 쉽에서, 식사 시간이나 쉬는 동안 방해받는 것을 피하기란 쉽지 않다. 전화 또는 초인종은 언제든지 울릴 수 있다. 가까운 친척과 친구들은 어머니가 신생아를 돌보느라고 바쁠 때 방문할 수 있고 이러한 만남 동안에 어머니와 아이 사이에 일어나는 상호 간의 밀접한 관계를 방해해서는 안 된다. 어머니는 출산 병원에서 집으로 돌아온 후 특히 피곤할 수 있다. 이 때 새로운 일상을 시작해야하기 때문에 상황을 이해하는 파트너의 지원이 매우 중요하다.

이러한 생각이 누군가 어머니를 대신하여 아이를 돌보는 것을 의미하는 것이 아니다. 그렇다면 이것은 큰 실수이며 어머니와 아이의 특별한 관계의 형성을 방해할 것이다. 대신에 엄마와 아이가 서로 만족스럽게 수유를 마치도록, 혹은 어머니의 리듬대로 천천히 아이와 상호 작용할 수 있도록 산모를 보호하고, 어머니와 아이의 사생활을 보호할 사람이 있어야 한다.

이러한 사려 깊은 보호는 공생 기간에 신생아에게 만족스러운 경험을 갖게 하며, 신생아는 새로운 환경에 대해서 보다 긍정적 메시지를 얻게 된다. 이러한 경험은 아이에게 '기본적 신뢰감'의 바탕을 형성할 것이다.

일부 국가에서는 직장에서의 육아 휴직이 이미 인정된다. (한국에서는 1년 이내를 허용한다). 이것은 분명히 이 중요한 시기에 아버지를 도울 수 있다. 그러나 그러한 휴가가 주어지지 않을지라도, 아버지의 역할을 수행하기 위해 필요한 자유로운 시간을 계획하는 것이 요구된다.

요즘은 아이를 많이 낳지 않고 부모와 함께하는 시간이 너무 짧다. 처음 2, 3주 동안 아버지의 도움으로 어머니와 아이가 보호될 때, '함께 사는 삶'이 더 잘 조직될 수 있을 뿐만 아니라 훨씬 더 중요한, '함께 사는 가족'이 시작될 수 있다.

아버지가 이 공생 기간에 할 수 있는 유일한 일은 보호 장벽을 제공하는 것만은 아니다. 아버지는 아이의 삶에 직접 들어가 여러 가지 다양한 촉각, 후각, 청각 및 시

(사진 10) 아버지와 신생아는
처음부터 인간관계의
사랑을 경험할 수 있다

각적 방법으로 풍성하게 지원할 수 있다. 예를 들어, 매일 목욕을 시키거나 안아주고, 말을 건네고, 노래를 들려준다. 중요한 의사소통은 피부를 통해 이루어지며 이 접촉은 아버지가 아이와의 직접적인 관계를 맺기 위해 처음부터 사용할 수 있다. (사진 10 참조)

애슐리 몬터규Ashley Montagu의 저서인 '접촉Touching'에서 아이에게는 "아버지와 어머니와의 충분한 촉각 자극만으로 인간관계를 개선하는 데 많은 도움이 될 수 있다."라고 하였다.

엄마와는 다른 사람의 손이지만, 애정 어린 힘과 지지가 담겨 있는 아버지와의 접촉을 느낀다면 신생아는 감사하고 있다는 것을 분명히 보여준다.

생후 첫 몇 주 동안의 어머니와 아이 관계에 중점을 두는 이 관계는 미래의 인간관계의 원형이 되고 신생아와 아버지의 존재에도 중요하다. 아버지와 아이가 나누는 많은 감각적 체험은 서로에 대한 지식과 기쁨을 가져올 뿐만 아니라 처음부터 어머니로 대표되는 것 외에 또 다른 '사랑의 대상'을 제공할 것이다.

이 상황의 많은 장점은 다음 페이지에서 논의될 것이다.

자율성과 독립을 돕는 아버지

The Father as a Help to Autonomy and Independence

아이의 발달이 계속됨에 따라 아버지의 교육적 역할이 더욱 분명해진다. 아버지는 아이에게 다른 행동 모델을 제공한다. 성적 역할 모델a sexual role model로 활동하기 전에 각 부모는 자신의 방식대로 아이에게 도움을 제공하고 아이는 부모를 관찰함으로써 이러한 성적 역할 모델을 인식한다. 이 이유로 환경에는 항상 서로 다른 두 사람이 있는 것이 필요하다.

아이가 어머니와의 접촉만이 즐거움의 유일한 원천일 때 발생할 수 있는, 어머니에 대한 지나친 애착을 막을 수 있어서 처음부터 아버지의 적극적인 존재는 아이의 독립에 대한 자연스러운 발달을 촉진할 수 있다. 아버지는 일상의 중요한 순간 즉 목욕하기, 옷 갈아입히기, 놀아주기, 먹이기 등을 통해 매일 아이와 상호 작용할 수 있다. 이것은 아이의 인격을 형성하며 운동과 언어의 다양한 경험을 제공함으로써 근본적인 교육에 이바지한다.

첫해가 끝날 무렵 아이가 혼자서 움직일 수 있게 되자마자 함께 할 수 있는 많은 활동을 통해 공동 작업을 하고 환경에 대한 자신감을 느끼도록 도와줄 수 있다. (사진 11 참조) 아이에게 배울 수 있는 공간을 제공하고 확대되어야 할 작업들이 있다. 이 작업은 우리 주변의 세상을 변화시킬 수 있으며, 아이는 다양한 목표를 달성하는 데 필요한 운동의 자기 통제력을 개발함으로써 탐색하고 독립할 수 있다.

사랑과 시간과 인내와 일을 아이와 함께 나누는 아버지는 아이에게 일하는 방법뿐만 아니라 행동과 정체성의 모델을 가르쳐 준다. 이러한 모델은 사회에서 긍정적인 적응의 기초를 형성한다. 가정과 그 밖의 모든 삶의 상황에서 아이는 항상 다른 인간과 협력할 수 있어야 한다. 아이들이 공동의 목표를 위해 함께 일하는 것을 의미하는 협업의 기쁨을 배울 수 있는 것은 정확히 부모와 함께 하는 활동을 통해서다.

첫해 동안 아버지의 도움으로 행해진 경험은 어머니로부터 적절한 분리의 과정을 기쁜 마음으로 받아들이는 데 매우 중요하다. 이 경험은 또한 독립과 자율에 필

(사진 11) 아버지의 존재는 아이에게 그의 세계를 습득하는 기쁨을 제공한다

요할 것이고, 아이가 정신에 의해 인도된 손을 이용하여 자신의 세계를 정복하는 즐거움을 줄 것이다.

아버지의 교육적인 역할이 수년간 지속하지만, 인간 발달의 첫해에 강조되는 특별한 필요성 때문에, 아버지의 역할은 즉시 시작하는 것이 중요하다. 우리는 아이가 조화롭게 발달하기 위해서는 생물학적 발달과 정신적 발달을 동시에 도와야 한다는 것을 배웠다. 생물학적, 정신적 발달의 중요성을 위해 아버지의 역할은 아이가 수정되는 순간부터 시작되지만, 또한 성장하는 아이의 다양한 요구에 따라 변화하고 적응해야 한다.

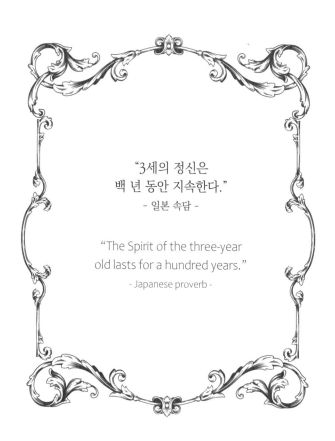

"3세의 정신은
백 년 동안 지속한다."
- 일본 속담 -

"The Spirit of the three-year
old lasts for a hundred years."
- Japanese proverb -

제2부

우리가 아이와 하는
모든 것은 '교육'이다

Everything We Do with the Child is 'Education'

제5장

⊸◦⟨∘⟩◦⊶ ─◦⟨∘⟩◦─ ⊸◦⟨∘⟩◦⊶

어머니의 보살핌의 의미

The Meaning of maternal care

어머니의 보살핌은 무엇을 의미하는가?

What is Maternal Care?

우리는 신생아가 스스로 돌볼 수 없다는 점에 대해서 이미 언급해왔다. 아이들은 출생 시뿐만 아니라 이후 오랫동안 무력하다. 인간의 생명을 시작할 때, 아이와 교감하는 특별한 사람을 보호자caregiver로 부르며 이는 곧 어머니가 된다. 이러한 관점이 우리가 어머니와 보호자의 역할을 결합시키고 '어머니의 보살핌maternal care'이라는 주제를 논하게 되는 이유이다.

어머니는 아이의 적절한 체온을 유지하기 위해 음식과 옷을 제공하고, 깨끗하게 유지해야 할 필요가 있을 때 아이의 옷을 갈아입힌다. 이렇듯 생존을 보장하기 위해 앞서 말한 보살핌을 제공해야 한다는 분명한 요구와 함께, 어머니가 아이에게 제공할 수 있는 엄청난 운동과 감각 경험의 측면에서 어머니의 보살핌의 중요성을 생각해야 한다.

어머니 보살핌의 가장 중요한 특성은 외부 세계를 아이에게 제시하는 것이다. 아이는 어머니와 함께 보낸 시간 동안의 편안함, 신체 접촉, 음식, 사회 활동 및 언어와 같은 삶의 기본적인 사실에 대한 정보를 받아들이고 사용한다. 이것은 아이가 모든 측면에서 세계에 대한 이해를 가능하도록 한다.

어머니의 보살핌을 통해서 받은 모든 운동과 감각 경험은 정신과 신체의 결합을 돕고 이것이 아이의 정신적 통합을 이루기 때문에 개인적 성장의 기회를 제공한다. 이것은 아이 스스로가 자신과 좋은 관계를 맺을 수 있게 한다. 더 중요한 것은 안정감과 안전성에 대한 내적인 감정을 느끼도록 한다.

아이 안에 있는 그의 자아라고 부르는 '발달 중인 사람developing person'은 하루 중 언제든지 발생하는 자신의 모든 요구에 대한 기대를 충족시킬 수 있는 능력에 따라 강화된다. 아이는 자신의 요구에 대한 반응을 기대할 수 있다는 것을 알게 되고, 어머니를 부르는 자신의 힘을 경험하게 된다. 아이가 욕구가 있을 때 그것을 요청하고 환경에서 적절한 대답을 경험하면서 긍정적인 반응을 얻는다.

온종일 제공되는 어머니의 도움은 외부 세계와의 관계를 새롭게 하고, 자아와 비자아, 아이와 외부 현실 사이의 구별에 대한 올바른 이해를 촉진한다.

그러나, 대답이 신속하고 어머니가 사랑과 선의로 가득 차 있을 때조차도 아이의 요구 중 한 부분만을 만족시킬 위험이 항상 존재한다. 신생아나 어린아이가 울 때 우리는 먹을 것이나 고무젖꼭지a pacifier같은 것을 입에 넣음으로써 우는 것을 진정시키는 경향이 있다. 이 반응은 일반적으로 아이의 진정한 욕구와 우리 앞에 있는 '작은' 인간에 대한 잘못된 생각을 보여준다. 그것은 신생아 또는 어린아이는 항상 구강 만족을 원하고 음식에만 관심이 있다고 생각하는 많은 어른의 편견을 보여준다.

우리는 신생아가 잘 발달한 두뇌를 갖고 있으며 많은 정교한 신경계를 가지고 있다는 것을 기억함으로써 그러한 고정 관념을 탈피할 수 있다. 우리는 태내의 삶과 그 이후의 몇 달과 몇 년 동안의 특별한 상황을 진지하게 생각해 봐야 한다. 정신의 발달은 신체의 발달보다 훨씬 더 앞서가는 것이다

어른들이 이해할 수 있는 방식으로 몸을 쓰거나, 이해할 수 있는 언어를 말함으로써 아기가 자신의 내적 욕구와 요구를 표현하는 것은 불가능하다. 아이를 이해하지 못하는 고통스러운 상황과 아이가 필요로 하는 모든 것을 외부로부터 얻을 수 없는, 아직은 무능력한 상황에서 아이를 구하기 위해서는 주의 깊은 세심한 어머니가 필요하다. 아이의 강력한 정신력은 자신이 표현하고 싶어 하는 것이 신체의 능력에 의

해 지지 되지 못하고, 돌보는 사람이 아이의 실제 상황과 정체를 이해하지 못한다면 그 좌절감은 아이를 견딜 수 없게 만들 것이다.

이러한 무기력한 느낌이 자주 반복되면, 자아는 환경에서 편안하게 느끼는 법을 배우지 못할 것이며 지속적인 좌절이 뿌리를 내린다. 아이가 자신의 욕구를 표현하는 방법을 충분히 익혔다고 하더라도 완전한 통제감을 결코 느끼지 못할 것이다. 너무 일찍 시작된 무기력의 경험은 두뇌에 일종의 잘못된 메시지로 각인되고 신체 능력의 모든 변화에도 불구하고 아이의 미래 생활을 조건화시킬 것이다.

실제로 아이가 말하기를 배우고 훨씬 나중에 자신을 돌볼 수 있게 되더라도 이미 내재되어있는 무기력함은 계속될 것이다. 그때 아이에게 세상은 외부의 도움을 거의 기대할 수 없는 적대적인 것으로 인식될 것이다.

모유 수유와 친밀감을 위한 '안아 주기'
'Holding' for Breast-Feeding and Intimacy

아이는 무력하므로 모든 어머니의 안아 주기와 돌보기와 같은 보살핌이 필요하다.

'안아주기Holding'란 단순히 아이가 혼자서 살 수 없기 때문에 신체적 지원을 제공한다는 의미 이상이다. 어머니의 팔에 안긴다는 넓은 의미는 수용의 하나로, 아이에게 새로운 환경에서 살아가는 데 안전한 장소가 있다는 정보를 전달한다. 아이를 올바르게 안아주기 위해서는 아이를 알아야 한다. 우리는 아이의 감정을 인식하고, 마치 그것이 우리 자신인 것처럼, 그에 반응해야 한다. 안아 주기는 태어날 때와 마찬가지로 어머니와 아이의 결합을 재확립한다. 안아 주기는 생물학적 그리고 정신적으로 다시 삶을 공유하는 것을 가능하게 한다.

출산 후, 아이를 안아주는 것에는 매우 의미 있는 방법이 있다. 모유 수유를 하려면 신생아는 안겨야 하고 그렇지 않으면 모유를 먹는 것이 불가능하다. 생존을 위해 필요한 이 상황에서, 아이는 음식을 얻기 위해서만 안기는 것이 아니라 사랑하는 관계를 위한 친밀감으로 중요한 전환을 할 수 있다. 모유 수유의 반복을 통해 아이는 인간과 관계를 맺고 어떻게 유대감과 애정을 나누는지 경험한다. 사실, 아이가 경험하는 것은 어른의 사랑을 통한 반응의 기본적인 프로그램이다. 이 프로그램에서 아이는 사랑, 존중 및 수용과 관련된 관계를 맺게 된다. 이것은 폭력이 없는 애착과 정체성을 잃지 않는 친밀감이다!

사실, 우리는 모두 정보가 항상 긍정적인 것만은 아니라는 것을 알고 있다. 우리가 인간관계에서 어른이 되어서도 나타나는 어려움은 그들이 어렸을 때 일어났던 일들, 그들의 어머니와의 경험 그리고 그들이 아이였을 때 생활했던 방식에서 비롯되었다고는 거의 생각하지 못한다.

아마도 몇몇 독자들은 최근까지도 아이를 응석받이로 키우지 않기 위해 일단 신체적 욕구가 충족되면, 우는 아이에게 그다지 신경을 쓰지 말라고 권고받았던 것을 기억할 것이다. 아이가 느끼는 정신적인 욕구가 있을지도 모른다는 생각 즉, 함께 있는 즐거움을 위해 사람과 접촉하고자 하는 욕구, 또는 감각적 박탈감으로 느끼는 지루함을 떨치고 싶어 하는 욕구 등은 하찮고 비현실적인 것으로 여기며 어른들에 의해 거부당했다.

우리는 아직 신생아가 훌륭한 기능의 정신을 지닌 매우 지적인 인간이라고 받아들이기는 쉽지 않다. 이러한 편견 때문에 우리는 아이의 모든 필요를 충족시키는 방식으로 사랑과 보살핌을 제공하지 않는다.

오늘날 우리는 신생아와 어린아이들의 놀랄 만한 능력에 대해 더 많이 알게 되었다. 그러나 많은 산부인과 병원에서는 여전히 기본적인 요구들에 대한 충분한 배려가 되어 있지 않고 부모 또한 아이와의 관계에 나쁜 영향을 줄 수 있는 잘못된 행동을 배우고 있다.

아이를 안을 때, 충분히 발달하기 위해 우리의 도움을 기다리는 특별한 생명 프로젝트가 우리의 품에 있다는 것을 기억해야 한다. 잠재력의 실현은 우리의 보살핌의 질에 달려 있다. 그것은 어린아이가 실제로 어떤 존재인지를 깨닫지 못한다면 바뀌지 않을 것이다. 적절한 '안아 주기'로 그 존재에 대한 사랑과 존중과 찬사와 더불어 진밀감에 대한 우리의 기쁨을 아이에게 전해수어야 한다.

보살핌 및 사회적 상호 작용을 위한 '돌보기'
'Handling' for Care-Giving and Social Interaction

아이와 어른의 관계는 수유를 위해 아이를 안을 때와 '돌보기'에서 매우 다르다.

'돌보기Handling'란 주로 손으로 아이의 신체를 만지는 것으로 아이에게 옷을 입히고, 기저귀를 갈아주고, 목욕하면서 접촉하는 것이다. 이때, 신체 접촉은 '안아주기'와 같이 뚜렷하게 구별되지는 않는다. 하지만 두 사람이 '함께 있는 것'의 형태는 다르고, 어머니와 아이 간의 상호 작용에도 많은 다양한 양상들이 있다.

돌보기는 대개 아이가 어머니 앞에 누워있는 상태에서 수행된다. 그것은 서로 알아가는 순간이 될 수 있다. 우리는 아이를 보며, 아이는 우리를 본다. 우리는 아이에게 미소 지으며 대화 할 수 있다. 그러나 이 모든 것은 우리가 어머니의 보살핌을 아이와 함께 시간을 보내기 위한 특권 행사라고 여길 때만 일어날 수 있다. 이것은 인간 개인 성장과정에 파트너가 되어 주면서 아이가 가진 놀라운 인간의 실제 능력을 인식할 때에만 가능하다.

너무 많은 부모와 어른들은 여전히 이 점을 놓치고 가능한 한 빨리 옷을 입히고, 기저귀를 갈고, 목욕을 시키는 등의 신체적 과제를 성취하기 위한 목적으로 아이를 돌보고 있다. 이와 같은 부모는 잘 훈련되고 효율적이며 능력이 있을지는 모르지만, 이 귀중한 시간을 만남의 시간으로 활용하지는 못한다. 우리는 이 순간을 만남과 감정을 표현하기 위한 기회로 사용해야 한다. 하지만 여전히 어른들은 아이 개인에 대해 집중은 하지 않고, 오로지 무신경한 일상을 수행하기 위해 애를 쓰고 있다.

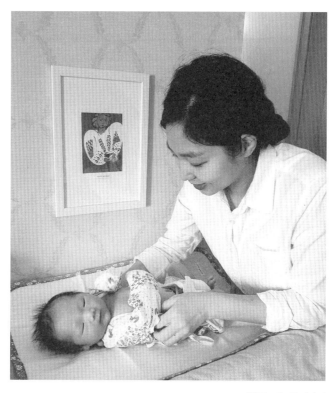

(사진 12) 어머니의
보살핌은 '아이와 함께'
일을 하는 것이다

　또한 대체로, 우리는 이러한 일상을 천천히 수행하는 대신 빨리 해치워 버리는 경향이 있다. 그 일을 하면서 아이에게 무슨 일이 일어나고 있는지 아이가 이해할 수 있도록 순서에 맞게 반복하면서 처리하는 것이 아니라 서둘러서 끝내 버린다. 따라서 우리가 하는 일들을 간단하고 선명한 방법으로 아이에게 설명해 주어야 한다. 아이의 다양한 신체 부위를 부드럽게 만지며, 그 신체 부위의 이름을 아이에게 말하고, 필요하다면 우리와 함께 협력해 달라고 요구해야 한다. 이러한 협력은 아이가 우리의 말을 이해할 수 있을 때까지는 약간의 시간이 필요하겠지만, 올바른 돌보기는 태어나는 순간부터 시작할 수 있다. 이 모든 것은 우리와 상호 작용하기를 간절히 원하는 지적인 인간인 아이에 대한 기본적 신뢰가 바탕이 되어야 한다.

우리가 실제로 '아이에게to the child'가 아니라 '아이와 함께with the child'할 때 만이 아이와의 협력을 통해 어머니의 보살핌을 제공할 수 있다. (사진 12 참조) 이렇게 해서 우리는 아이에게 가정에서 중요한 위치를 맡긴다. 우리는 이 새로운 사람이 다른 사람들과 함께 있는 것이 얼마나 좋은지를 발견할 수 있는 가능성을 제공한다. 이와 같은 노력은 아이에게 다음과 같은 메시지로 전달될 것이다. "너는 여기에 우리와 함께 있다. 너와 함께 있으면서, 너와 함께 일을 할 수 있는 것은 기쁨 그 자체이다!" 이것은 또한 어머니의 보살핌을 아이를 위한 사회적 경험으로 바꾸고 있다.

우리의 환경에서 그들을 받아들이고, 다른 사람들과 함께 시간을 보내고, 웃고, 서로의 친구와 활동을 나누는 기쁨 외에, 더 좋은 사회생활이 어디에 있을까? 우리가 아이에게 생명을 주기로 했을 때, 그것은 어떤 의미로 보자면, 그 아이를 우리 집에 초대한 것이다. 그리고 아이는 우리와 함께 있게 되어 얼마나 행복한지 느낄 수 있을 것이다. 어머니의 보살핌에서의 '돌보기'는 행복한 삶을 위한 순간이다. 우리는 서로를 좋아하고, 행복하게, 함께 할 수 있는 일이 많아서 함께 있는 것이다.

내적인 정신과 신체의 일치
Internal Psychosomatic Unity

우리는 생후 초기의 아이가 무력하다는 것과 이 상태가 어머니의 보살핌의 필요성을 끌어내는 조건임을 보아왔다. 동시에 어머니의 '안아주기'및 '돌보기'를 통해 엄청난 양의 경험을 제공하고 환경에 대한 아이의 지식을 넓혀 주었다. 언급했듯이 메시지는 이러한 경험들에 의해 전달될 수 있다. 이러한 경험들은 아이에게 세상에 대해, 그리고 그 안에 있는 사람들이 아이의 존재에 대해서 어떻게 반응하는지를 가르쳐 줄 수 있다.

그러나, 이 모든 것 외에도 어머니의 보살핌 중에는 또 다른 일이 발생할 수 있는데, 그것은 인간의 발달에 매우 중요한 것이다. 이것이 바로 자아의 두 부분, 즉 정신과 신체의 일치이다.

이러한 일치를 향한 첫 번째 단계의 발걸음을 내딛는 것을 통합이라고 하며, 일반적으로 공생 기간 아이를 안아주는 방식을 통해 수립된다. 이 초기의 정신과 신체의 일치는 '개인화personalization'라고 하는 또 다른 중요한 발달 단계로 이어진다.

이 두 번째 단계는 정신과 신체의 결합을 다루고 강화하는 것과 더 관련이 있다. 아이는 내적, 외적 구별을 더 잘 할 수 있고 신체 조직은 더욱 정밀하고 세련될 수 있다.

'개인화'는 신체의 기능에 기초한다. 신체의 기능을 통해 아이의 전 인격은 계속 통일될 것이다. 인간은 신체적 욕구를 인간적인 방식으로 만족시키는 즐거움과 연결하기 시작할 것이다.

이것은 또 다른 중요한 결과로 이어진다. 아이의 본능적인 욕구는 어머니의 긍정적인 방식으로 반응이 오기 때문에 좋다. 신체 기능은 더욱 좋아지고, 이런 이유로 아이의 정신은 환경들을 좋은 것으로 느낄 것이다. 이러한 기능들은 아이의 지식에 더해질 수 있고 그의 자아를 형성하는 데 도움을 줄 수 있다.

어머니의 보살핌의 기간 동안 정신에서 신체로 보낸 메시지가 좋은 것이라면, 그것은 만족스러운 것으로 인식되어 외부 세계와의 기분 좋은 관계를 구축한다. 신체는 정신과 조화를 이루며 두 부분은 점점 더 상호 만족하며 연결된다. 정신과 신체의 일치가 이루어지면 이 일치는 인격의 견고한 토대가 될 것이다.

예를 들어 배가 고픈 것은 혈당치가 떨어져 공복의 불쾌한 느낌을 만들기 때문에 신체 내부에서 느껴지는 욕구이다. 이 욕구가 정신 내부에서 처리되어 아이는 깨어나 도움을 요청하기 시작한다. 아이의 욕구에 대한 응답이 신속하게 이루어져 모유가 바로 제공된다면, 아이는 굶주림을 만족시키는 음식뿐만 아니라 애정 어린 어머니의 실재도 경험하게 될 것이다. 아이는 공복감을 채우는 방법과 감각 기관을 통해서 입력된 정보들 예를 들어 어머니의 얼굴을 보는 것, 신체 접촉의 따뜻함과 어머니의 목소리 등과 인간관계를 즐기는 방법에 대한 정보를 받을 것이며 이것은 정신의 음식이 된다. 이것은 감각 작용을 통해 알게 되어 지식으로 변환할 수 있는 연결을 만들고, 정신과 신체, 두 단계에 대한 즐거움을 느낄 수 있도록 하는 정신적 과정이다.

신체의 모든 기능은 자아를 위해 조직되고 자아를 위해 힘을 제공한다. 정신과 신체는 서로 도울 수 있고 그들의 일치력은 점차 강해진다. 신체는 욕구가 있고 정신은 이런 요구를 내보낸다. 같은 신체를 사용하고 필요한 것을 신체를 통해서 받는다. 이것은 정신과 신체 두 부분을 사용하는 인간의 환경에 대하여 그 둘을 영원히 통합하려는 적절한 힘의 경험을 포함한나.

사람들은 외부 세계와 함께 내면적으로 편안함을 유지하기 위해, 그들 자신 안에 정신과 신체가 일치된 감정을 느낄 필요가 있다.

이제 배고픈 아이가 적절한 응답을 받지 못할 경우 어떻게 되는지 생각해 보자.

때때로 아이는 오랫동안 기다리며, 괴로움이 너무 커져서 저항하기 힘든 상태가 되면, 정신적으로 내부로 물러나고, 다시 잠들기로 결정할 수 있다. 이런 식으로 그는 반응하지 않는 환경에 대해 자신의 힘으로 유일한 방법을 선택한다. 외부의 도움에 대한 욕구는 시도해도 이루어지지 않기 때문에 같은 욕구를 부정하고 실망스러운 환경에서 스스로를 차단함으로써 잊으려고 한다.

인간은 정신과 신체를 분리해야만 방어기제를 사용할 수 있다. 정신은 내부로 후퇴함으로써, 어쩌면 아마도 모유로 가득한 커다란 어머니의 젖가슴을 꿈꾸면서 비현실적인 일시적 만족을 취할 수도 있다. 그러나 신체가 음식을 달라는 요청을 되풀이하는 순간, 아이는 다시 깨어나고 앞서의 모든 과정이 반복될 것이다.

환경이 허용하는 정도와 아이의 체질에 따라 다르지만 만약 아이가 너무 많은 실망을 겪는다면, 아이는 요구하는 것을 줄이거나 더 심하게 요구하는 법을 배울 것이다. 두 경우 모두 정신과 신체의 일치는 이루어지지 않을 것이다.

환경에서 파악된 자신의 능력 부족 때문에 자아는 결대 강해지지 않을 것이고, 환경은 안전하지 않다고 느껴질 것이다. 삶은 어려워지고 그것을 위한 투쟁으로 인간의 조화로운 성장을 위해 사용되어야 하는 많은 에너지를 낭비하게 된다.

만약 정신과 신체 사이의 분열에 대한 경험이 계속된다면 우리는 '몰 개인화'(비인격화depersonalization)에 도달할 수 있을 것이다. 이러한 통합의 부족은 정신과 신체의 많은 증상의 원인이 된다. 피부와 호흡기, 소화기의 많은 질병의 원인은 어렸을 때 일어난 일들로 거슬러 올라갈 수 있다.

제6장

아이와의 의사소통
Communication with the child

도입
Introduction

보다 넓은 의미에서 의사소통은 관계를 수립하는 것이다. 인간은 항상 자신의 환경 및 그들 자신과 의사소통을 할 수 있다.

식물에 대한 최근의 연구는 심지어 식물 세계에서도 환경에 대한 소통과 이해가 예상된 것보다 훨씬 더 깊다는 것이 밝혀졌다. 의사소통은 어느 단계에서나 존재하며 삶을 가능하게 할 뿐만 아니라 삶의 질을 높이는 요인으로 간주하여야 한다. 소통하는 것to communicate은 사는 것to live이다!

인간은 확실히 의사소통에서 가장 큰 잠재력을 보여 주며, 말하기, 읽기, 쓰기와 같은 몇몇 형태는 인간에게만 존재한다. 진화과정 내내 우리의 의사소통 능력은 지속해서 향상되고 확대되었지만 유감스럽게도 이 분야에서 우리의 많은 가능성은 여전히 빈약하게 사용되어 왔다.

의사소통은 항상 계속된다. 사실 우리가 환경과의 모든 의사소통을 차단하고 싶다고 해도 불가능할 것이다. 소통의 부재는 사실상 '나는 관계를 맺고 싶지 않다'는 메시지가 된다.

환경 속에서 인간의 존재는 환경을 변화시킨다. 우리가 하는 모든 행동과 우리 몸의 모든 부분인 얼굴, 팔, 손, 다리, 발, 옷, 그리고 말들로 소통을 한다. 우리에 대한 모든 것은 환경과 소통하며, 이것은 우리가 좋든 싫든 간에 일어난다.

상대방이 받을 만한 중요성이 있는 이러한 메시지들을 주고받을 수 있는 능력을 갖추기 위해서 우리는 이러한 무의식적 메시지들을 더 주의 깊게 볼 수 있도록 교육받아야 한다. 우리와 함께 사는 모든 사람은 서로 의사소통을 더 잘함으로써 이익을 얻을 것이다. 어린아이들은 이와 같은 의사소통의 능력이 특히 필요하다. 어린아이들은 아직 말하는 것을 배우지 못했기 때문에 다른 모든 형태보다 이러한 방식을 더 선호하게 된다.

환경과 소통하지 않고는 생명을 지탱할 수 없기 때문에, 우리는 의사소통을 인간의 기본적인 욕구로 생각해야 한다.

오늘날, 어디에서나 신속하게 메시지를 보내는 것이 가능하고 우리는 신체적인 능력을 넘어서는 속도로, 쓰고 말하는 통신을 전송할 수 있다. 하지만, 우리는 여전히 의사소통의 의미에 대한 인식을 발전시킬 필요가 있다. 그렇지 않으면 그 소리나 신호가 실제로 그 사람에게 도달하지 못한다. 이렇게 되면 의사소통은 피상적 수준을 넘지 못하며 메시지는 손실된다.

신생아의 비언어적 의사소통
Non-verbal Communication in the Newborn

출생 시 만나게 되는 아이는 오랫동안 엄마 태내에 있던 인간이다. 이 기간에 많은 의사소통 방법이 이미 시도되었다.

임신 며칠 후에 수정체가 자궁에 착상하면 인간은 생존을 위한 조건으로 특별한 형태의 의사소통을 시도해야 한다. 수정체the zygote는 서로 대화를 시작할 수 있도록 어머니와 연결된 전화선으로 간주할 수 있는 융모막 융모the chorionic villi를 생성한다. 이 장치는 하루 24 시간 가동되며 생체 내 생존에 필요한 산소와 영양분을 받는 데 필요한 단순한 연결 이상의 의미를 갖는다.

임신이 진행됨에 따라 이 장치는 점점 더 커지고 정교해지며 아이의 성장을 돕는다. 처음부터 인간은 삶의 선물을 지원하기 위해 적어도 한 명의 다른 사람이 항상 필요하다는 것을 보여 주는데, 이는 다양한 차원의 의사소통을 통해서 유지될 수 있다.

우리는 태아기 동안 일어나는 풍부한 의사소통과 모든 감각 채널이 그것과 관련되어 있음을 이미 설명했다. 그러므로 신생아는 의사소통 능력이 뛰어나다는 것을 이해하는 것이 어렵지 않다. 그런데도 우리의 전형적인 상호 작용은 아이와의 관계를 지속하는 데 별로 중요성을 두지 않는 것처럼 보인다.

아이를 위해 잘못된 의복과 그릇(용기)containers을 선택하고, 신체적으로 어머니와 아이를 분리하면, 이것은 새로운 환경에서 의사소통을 방해하게 되고, 의사소통을 통한 새로운 가능성을 발견할 수 있는 기쁨을 박탈하게 된다.

신생아의 놀라운 의사소통 능력은 이제야 서서히 인식되어 가고 있으며 어린아이들을 다루는 모든 사람은 자신이 대처 할 수 있는 다양한 형태의 의사소통에 대해 알고 있어야 한다.

신생아는 환경에 관심을 두고, 관계를 맺고, 자신이 발견한 새로운 상황에서 힘을 시험하기 위해 몸의 다양한 부분을 움직인다. 그러한 몸짓은 다음과 같다.

    1. 머리, 팔, 손, 다리 및 가슴을 움직인다.
    2. 주위 환경에 있는 사람과 사물을 본다.
    3. 미소 짓는다.
    4. 운다.

이러한 의사소통의 각 측면에는 여러 가지 변형된 형태도 나타날 수 있으며 아이들이 시도하고 응답을 받은 결과에 따라 어느 정도 지속해서 사용될 수 있다.

이렇듯 생명체의 기본적인 자질인 의사소통 능력은 즉시 나타나 환경과의 대화에서 반복되고 강화될 것이다. 환경으로부터의 반응이 거의 없거나 전혀 없을 때, 아이의 상호 작용은 박탈당한다. 의사소통의 양이 줄어들어 극단적인 경우, 아이가 무응답 환경에서 고립될 수 있다.

아이는 출생 시 그리고 그 후 며칠 동안 많은 일을 할 수 있다. 신생아를 돌보는 일에 관여하는 사람은 인간의 최선의 발달을 제공하기 위해 의사소통의 중요성을 확신해야 한다.

어머니와 아이 사이의 특별한 대화
Special Communication between Mother and Child

어머니와 아이 사이의 의사소통은 '특별한'이라는 형용사를 사용할 가치가 있다. 왜냐하면 신생아는 즉시 어머니에 대한 선호a preference를 나타내기 때문이다! 임신 중에 이미 함께 보낸 시간과 그들의 관계에서 확립된 많은 기준점points of reference을 명심한다면 놀랄만한 일도 아니다.

출산은 인간에게 전환점이며 발달을 위한 더 나은 조건을 제공하게 되어 있다. 물론 이것은 의사소통에서도 마찬가지이다. 왜냐하면 아이가 외부 세계에서 다양하고 풍부한 방식으로 어머니와 관계를 맺을 수 있기 때문이다.

아이는 환경의 모든 소리 중에서 어머니의 목소리를 인식할 수 있으며, 이 목소리의 근원을 찾기 위해 가능한 모든 노력을 기울일 것이다. 환경에서 두 여성의 목소리가 들리면 아이는 항상 어머니의 목소리를 선호한다.

부드러운 어조로 아이에게 천천히 말해주면 아이는 즉시 놀랄만한 상태의 집중력을 보이면서 말하는 사람의 얼굴에 관심을 나타낸다. 그에 대한 반응으로 아이는 미소를 보낸다. 이런 경험이 반복되고, 하루 동안 만나는 순간이 빈번하면 미소는 더 빠르게 더 길게 나타난다. 아이는 그 목소리가 입에서 나온다는 것을 이해하고 말하는 사람처럼 자신의 입을 움직이려고 시도한다.

사람의 얼굴은 신생아에게 특별한 의미가 있으며 아이는 그것을 열심히 연구한다. 모유를 먹일 때 아이를 바라보는 어머니의 얼굴은 완전한 만족을 위한 가장 중요한 심리적 요인이다. 얼굴은 아이들이 즐겨서 보는 선호의 대상이어서, 이를 보는 아이의 얼굴은 거의 언제나 미소를 띤 모습을 연상하게 한다.

어머니와 아이는 이미 오랫동안 의사소통의 경험을 가지고 있지만, 시각과 촉각의 감각을 이용하여 이러한 의사소통을 더욱 풍성하게 할 수 있다. 새로운 삶은 과거의 기쁨을 유지하고 새로운 기쁨을 추가하기 때문에 이 인생의 큰 변화는 가치가 있다.

모든 어른이 아이를 진정시키고 안심시키는 데 있어서 인간의 목소리가 가진 충만한 힘을 이해하지 못한다. 아이의 불편한 원인이 무엇이든, 부드럽고 사랑스러운 인간의 목소리는 적어도 몇 초 동안 아이의 불편함을 멈추게 할 수 있다.

아이의 미소 짓는 능력은 태어날 때부터 존재하며 즉시 어머니와 의사소통하는 방법이 된다. 이것은 아이가 어머니의 얼굴을 볼 수 있게 되는 즉시 어머니의 존재에 응답하는 방법이다. 아이는 인간에게 긍정적으로 반응하는 법을 배운다. 하지만 우리는 결코 잊어서는 안 된다. 아이가 자라면서, 미소로 대응하는 데 있어서 좀 더 선별적으로 될 것이기 때문이다. 처음 보는 사람은 아이로부터 주의 깊게 검사를 받게 되며, 아이가 그들을 받아들이고 자신의 방식으로 미소 짓는 데는 어느 정도 시간이 걸릴 것이다.

어머니와 아이 사이를 지나는 눈과 눈의 상호 접촉인 눈 맞춤은 어머니가 마침내 아이의 얼굴을 볼 수 있게 되었을 때인 출생 직후부터 시작된다.

임신 중 어머니가 종종 궁금해하는 '내 아이는 어떻게 생겼을까?'라는 질문이 이제 해답을 얻을 수 있다. 어머니는 아이를 보려고 열망해왔으며, 눈으로 보고, 말하

(사진 13)
어머니와 아이 관계에 있어서
목소리, 눈 맞춤, 미소가
그들의 특별한 관계의
언어가 될 것이다

고, 만지는 것에 절대 지치지 않는다. 만약 충분한 시간이 주어진다면, 아이는 눈을 뜨고 반응하고, 두 사람 사이에 눈 맞춤이 시작될 것이다. 이것은 그들 관계의 중요한 특징으로 계속 이어질 것이다.

목소리, 미소 및 눈 맞춤은 각 부모와 아이 사이에서 각기 다른 방식으로 결합 될 것이며 특별한 의사소통의 '언어'가 될 것이다. (사진 13 참조) 이것은 모든 사랑하는 커플에서 나타나는 것과 동일하다. 우리 중 누구도 다른 파트너들과 똑같은 방식으로 애정을 보여주는 사람은 없다. 그들 각각은 특별한 형태의 의사소통을 사용하는데, 그것은 오직 부부의 관계 안에서만 진실하고 완전한 의미가 있는 애정 표현, 몸짓, 단어와 구절들로 이루어져 있다. 심지어 부부 관계의 특별한 순간에만 사용되는 특별한 이름으로 서로를 바꾸어 부르기도 한다.

풍부하고 긴밀한 어머니와 아이 사이의 의사소통 형식은 분리에 대한 두려움으로부터 아이를 보호하는 데 큰 도움이 된다. 이것은 아이에게 실제로 엄마의 품에 있지 않을 때도 엄마와 소통을 할 수 있다는 것을 가르쳐 준다. 왜냐하면 보는 것, 말하는 것 그리고 미소 짓는 것은 먼 곳에서도 이루어질 수 있기 때문에, 함께 붙어 있지 않아도 함께 할 수 있기 때문이다.

이런 방식으로 관계의 공간이 넓어지고 의사소통의 힘도 커진다. 아이는 어머니나 환경 속의 다른 사람들로부터 영향을 주고받으며 하루하루 다르게 성장하며 즐거움을 경험한다.

의사소통과 지식
Communication and Knowledge

어른들이 더 나은 방법으로 아이들을 도우려고 한다면, 이해해야만 하는 의사소통의 한 측면이 있다. 모든 형태의 소통은 아이에게 외부 세계에 관한 많은 정보와 아이가 관계를 맺는 사람과 사물들, 그리고 그들 자신에 관한 많은 정보를 제공한다.

또한, 우리는 인간의 다양한 요소의 성장과 특히 지식을 풍부하게 하기 위해서 내부 욕구들이 어떻게 체계화되어 있는지를 알 수 있다.

신생아나 언어 전 단계 아이들이 환경과 소통하기 위해 사용하는 모든 노력이 단지 음식이나 신체적인 보살핌만 요구하는 것이 아니라는 것을 생각하면 흥미롭다. 물론, 신체적인 보살핌은 꼭 필요하고 기본적인 생존을 위해 제공되어야 하지만, 나이를 불문하고 아이들의 주된 관심사 전부는 아니다. 아이의 소통을 위한 모든 노력은 환경으로부터 정서적 및 인지적 반응을 끌어내는 것을 목표로 한다. 2~3개월의 아이는 손이나 발로 모빌을 만지는 것을 쉽게 배울 수 있고, 따라서 자신의 행동이 구체적이고 의도적인 효과를 낼 수 있다는 것을 깨닫는다.

이제 아이는 매우 자주 활짝 웃는데, 자신의 조정된 움직임을 통해 외부 세계를 통제할 수 있다는 지적인 기쁨을 나타내는 것이다. 이 중요한 행동의 발견은 아이에게 운동의 자유가 주어지고 어른들이 아이의 능력에 대한 어느 정도의 믿음을 가지고 있고, 이이에게 적절한 교구를 제공 할 때만 이루어질 수 있다.

하지만 항상 많은 신생아와 어린아이들이 이런 경험을 하도록 허용되지 않는 것 같다. 아이들이 무언가를 요구하거나 의사소통을 시도하려고 할 때마다 너무 자주, 고무젖꼭지나 음식만이 제공되며 아이의 어떤 적극적 참여도 없이 어른에 의해 그 시도를 끝내고 마는 잘못된 반응들이 만연해 있다.

우리는 결코 아이들의 의사소통 시도를 놓쳐서는 안 된다. 의사소통의 기회는 울고, 움직이고, 웃고, 보는 것에 대해 어른들이 어떻게 반응하느냐에 따라 아이들이 쉽게 성취할 수 있는, 지식의 매개체라는 것을 기억해야 한다. 다시 한번 우리가 기억해야 하는 것은 아이들의 이 모든 행동이 어른의 관심을 얻고 어른과 소통하기 위한 아이의 노력이라는 사실이다.

제7장

두뇌의 잠재력과 흡수 정신

The brain's potential and the absorbent mind

놀라운 두뇌

The Amazing Brain

인간의 발달과정에서 태아 단계의 중요성에 대해 논의할 때, 우리는 두뇌의 성장이 다른 신체의 성장과 비교하여 얼마나 놀라운지를 알 수 있었다.

우리는 진화의 과정에서 도달한 두뇌 크기의 엄청난 성장 즉 두뇌 기능의 질과 양의 증가 등에 주목했다. 또한 출생 두 달 전에 완전한 세포 수를 확보하는 특권도 이미 알고 있는 사실이다. 두뇌는 정보를 받아들이고, 처리하고, 저장하는 데 끊임없이 일하고 있다. 이를 통해 우리는 환경과 자신과의 관계를 형성하고 소통할 수 있다.

사람은 누구나 1천억 개의 뇌세포가 있으며, 이러한 신경 세포the nerve cells 또는 신경 단위neurons를 보다 자세히 알아보는 것은 흥미롭다. 우선, 모든 세포와 마찬가지로 신경세포는 세포막a membrane, 세포질cytoplasm 및 핵a nucleus으로 구성되며 두 가지 유형의 확장을 가지고 있다. 한쪽은 짧은 나무 가지처럼 얽혀 있다. 이것들은 수상 돌기dendrites라고 불리는 데, 그 용어는 '나무'에 대한 그리스어인 '덴드론dendron'에서 유래 되었다. 다른 한쪽은 길게 연장되어 있으며 축삭axons이라 불리고, 축삭의 일부는 뇌에서 발까지의 거리만큼 길 수도 있다. (사진 14 참조)

축삭은 신경 세포와 신체의 모든 부분 사이의 상호 교환을 가능하게 한다. 모든 부분은 말초에서 중앙(두뇌)으로 또는 중앙에서 말초로 신호 전달을 가능하게 하는 축삭에 의해 도달된다.

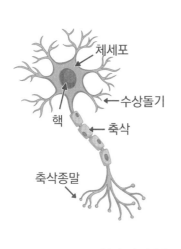

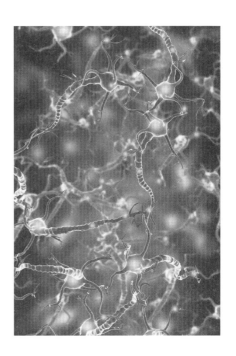

체세포

수상돌기

핵

축삭

축삭종말

(사진 14) 신경세포

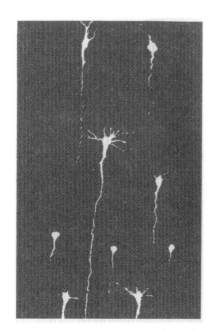

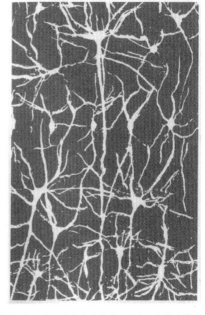

(사진 15) 신생아와 생후 3개월 후의 두뇌 피질에서 발견되는 수상돌기 양의 차이

신경 세포는 또한 더욱 정확하고 신속한 작업을 가능하게 하는 정보 네트워크를 구축하면서, 다른 많은 세포에 도달하는 수상 돌기를 통해 정보를 공유한다. 천억 개의 신경세포 각각이 태내에서부터 많은 수상 돌기를 가지고 있기 때문에 그 수가 엄청나서 상호관계를 수치화하는 것은 불가능하다. 신생아와 생후 3개월 된 아이의 두뇌 피질을 비교할 때, 발견되는 수상 돌기의 양에는 놀라운 차이가 있다. (사진 15 참조)

두뇌가 수행하는 훌륭한 작업은 정보가 지속해서 공유되기 때문에 가능하다. 모든 중요하고 복잡한 작업은, 우리가 의도한 바를 이룰 수 있는 최상의 기회를 주기 위해 항상 소통하는 다양한 부분의 도움으로 이루어진다. 이것은 협력의 중요성을 보여주는 좋은 예이다!

모든 세포는 전기 전압이나 전류를 방출하여 작동한다. 필요에 따라 정보를 전송하는 다양한 전위의 변화가 있다. 이것은 세포 자체가 생성하고 이 과정을 추진하는 것은 화학적 물질 전달자의 도움을 받아 이루어진다.

두뇌 속에 존재하는 수 십억 개의 상호 연결체와 그 사이를 통과하는 전기는 컴퓨터를 연상시킨다. 우리의 두뇌는 엄청나게 많은 연결 고리를 가지고 있기 때문에 만약 그들을 컴퓨터 안에 집어넣는다면 아마도 그 컴퓨터는 너무 커서 이 지구에는 맞지 않을 것이다!

많은 중요한 작업을 수행 할 수 있는 컴퓨터는 확실히 훌륭한 기계이지만, 인간의 두뇌와 그 놀랄 만한 작업 방식에 비하면 정말 왜소하다. 문화, 예술, 음악, 과학 등 인간 문명에서 생산된 모든 것을 보자. 더욱더 흥미로운 것은 이 모든 진보가 뇌세포의 아주 작은 부분만을 사용하여 이루어졌다는 사실인데 실제 사용되는 뇌세포는 전체의 2~4%에 불과하다. 우리가 인생의 시작부터 체계적인 교육을 아이들에게 제공 할 수 있을 때 얼마나 특별한 인간이 될지 상상해보자. 점점 더 많은 뇌세포가 일을 하게 될 것이며 그들의 협력은 더욱 풍부해지고 우리의 거대한 인간 잠재력은 더욱더 발달할 것이다.

인간의 '하드웨어'

The Human 'Hardware'

인간의 두뇌를 더 잘 활용하기 위한 가장 중요한 방법은 어렸을 때 양질의 좋은 정보를 제공하는 것이다. 특히 이시기는 두뇌의 매우 세분화 된 기능 회로를 개발할 수 있는 큰 역량을 가지고 있다.

컴퓨터와 비교하여 이야기하자면, 이 첫해 동안에, 각각의 인간은 앞으로 일생 사용될 그들의 기본적인 개인 프로그램을 구성한다. 하드웨어라고 부르는 기본 틀은 우리가 원하는 모든 일에 가장 폭넓은 범위를 제공할 수 있도록 가능한 한 정확하고 풍부해야 한다.

간단한 예를 들자면 2세까지 모든 아이는 자기 주변의 환경 언어를 말할 것이다. 어휘의 범위와 발음의 정확성과 문법은 전적으로 아이들이 환경 속에서 들을 수 있었던 기회에 따라 그 언어적 수준이 결정된다. 다른 발달 영역에서도 마찬가지이다. 많은 교육자들은 아직도 신생아의 뇌에 존재하는 천억 개의 신경 세포에 대해 알지 못하고 있으며 이들이 즉시 일을 시작하도록 하는 것이 얼마나 시급한지에 대해서도 알지 못한다.

우리는 진정으로 개발되기를 기다리고 있는 엄청난 자원을 인지하고 있는 걸까? 우리의 교육 체계에는 변화해야 할 것이 너무 많고 발달시킬 것이 너무 많다.

20세기 초 과학자인 마리아 몬테소리는 문맹인 부모의 아이들이 4세에 글을 읽고 쓸 수 있도록 도움으로써 전 세계를 놀라게 했다. 마리아 몬테소리의 놀라운 수업에는 단 한 명의 교사와 골판지로 만든 알파벳 판 하나만이 있었다. 우리 자신에게 물어보자. 아이들의 신체적 성장을 촉진하는 것과 마찬가지로 우리가 그들의 정신의 성장을 위해 진정으로 필요한 정신의 음식을 제공해야 한다는 책임감과 필요성을 느끼고 있는가?

정신에 대한 이러한 음식은 '적절한 정보'라 할 수 있으며, 이는 곧 아이가 기본적인 정신 프로그램을 형성할 수 있는 환경이다. 이 환경은 품질이 좋아야 하고, 적절한 시기에 제공되어야 하며 그 시기는 태아기에서 생후 첫 몇 개월과 몇 년 동안 지속한다.

해부학적 연결인 수상 돌기와 축삭은 임신 중에 이미 발달하기 시작하지만, 출생 직후에 특히 급속하게 성장한다. 이것이 정신의 기초 구조를 형성한다. 이 기본 네트워크를 통해 향후 모든 정보가 처리된다. 이것이 어떻게 해서 각각 다른 환경에서 각각 다른 기본 구조를 가진 인간을 만들어 내는지를 설명해 준다.

동일한 문화적 배경을 가진 가정에서도, 아주 다른 형태의 감각 자극이 태아와 신생아에게 주어진다.

신경 생리학Neurophysiology은 우리에게 인생의 초기에 직접적인 인간의 경험의 필요성을 보여준다. 신체 접촉, 냄새, 목소리, 음악 등의 소리를 통해 얻은 기본적인 정보는 평생 사용될 기본적인 '인지적 구조perceptual structures'를 형성하는 자료이다.

다시 한번, 우리는 임신 중에 그리고 생의 첫 몇 년에 일어나는 일의 엄청난 중요성을 생각할 수 있다.

정성 어린 보살핌, 사람의 존재, 적절한 자극과 건강한 음식은 인간의 주요한 필수품이다. 하지만 왜 우리는 신생아나 어린아이들이 신체적 보호만을 필요로 하는 수동적이고 무관심한 존재라고 계속 생각해 왔을까?

두뇌의 초기 자료로부터 '신경 회로nervous pathways'가 확립되고 두뇌의 '기본적인 연합 구조'가 완성된다. 기본적인 연합 구조들은 각자의 자기 일에 대해 정신의 조건에 의해 사용될 것이다. 몇 달 만에 생리적 컴퓨터의 '하드웨어'가 완성된다. 또한, 이 하드웨어는 미래의 모든 경험과 그것들의 처리, 등록 및 회수되는 방식을 규정할 것이다. 하지만 기본 구조의 근본적인 중요성은 다른 구조를 가지는 사람과 관계를 맺어야 할 때 분명해진다. 이러한 관계가 없다면 정보 교환을 위한 공통점이 없어서 서로를 이해하는 것이 어렵고 때로는 이해할 수 없게 만든다. 이 상황은 '울림resonance'이라고 하고 이것은 이해 능력, 즉 외부에서 오는 메시지를 내부에 가져올 수 있는 것을 의미한다.

이 울림을 통해 정확한 의사소통을 할 수 있다. 그것은 마치 상호 교류와 이해를 가능하게 하는 공통의 언어를 소유하는 것과 같다. 다른 문화와 문명의 발달은 이러한 다른 기본 구조로 연결될 수 있다.

다른 환경의 존재는, 즉 다른 초기 정보 체계(하드웨어)는 다른 문화와 문명의 발달을 설명하기도 한다. 어떤 환경에서는 인간이 춤이나 노래 등을 포함한 감각 자극을 추구하며 중요하게 여기지만 다른 환경에서는 의사소통이나 관계와 같은 다른 형식을 선호한다.

이것은 생의 초기의 더 많은 자극을 받아들이는 감각적 채널을 통해서 행해진, 더욱 쉽게 경험할 수 있도록 돕는 이해와 기억으로 우리가 좋아하고 싫어하는 몇 가지 선호도를 만들기도 한다.

의사소통의 문제는 가정이나 직장의 일상생활에서, 그리고 특히 학습 과정에서 서로 간 이해의 필요성을 생각할 때 더 복잡해진다. 어떤 새로운 정보라도 학습 과정에 관련된 기본 구조와 똑같은 울림을 갖는 경우, 두 사람 사이는 쉽게 전달될 수 있다. 정보는 그들의 기본 구조에서 이러한 감각적 경로를 발달시킨 사람의 말의 형태 속에서 더 잘 전달된다. 어떤 사람은 그림을 그리거나, 만지거나, 표정을 통해 더 잘 전달될 수 있다.

예를 들어 고등학교에서 화학 또는 물리학을 가르칠 때, 몇몇 학생들은 칠판에 쓴 공식의 개념을 즉시 이해하는 학생이 있다. 다른 학생들은 말로 설명할 필요가 있지만, 어떤 학생들은 관련 실험을 수행하고 '실제 경험'을 얻기 위해 자신의 감각을 사용해야 한다. 강의의 의미는 모든 학생에게 동일하지만, 이 의미를 성취하는 과정에서 기본 구조가 다르기 때문에 이 의미에 도달하는 경로도 차이점이 있다.

그래서 '다양한 감각 교육'을 하면 학생들이 더 복잡한 연결을 할 수 있는 기회를 가질 수 있게 되어 모든 학년에서 더 나은 발달을 이룰 수 있다. 더 많은 감각 채널을 사용할 수 있게 됨으로써, 학교의 아이들은 더 넓은 이해를 얻을 수 있으며, 가르치고 있는 주제에 대한 더 나은 기억 보존을 하게 된다.

의사소통과 학습에서 어려움은 대개 지능의 결함에서 오는 것이 아니라, 기본적인 인지 구조 사이의 울림의 부족에 의해서 야기된다. 누군가를 '바보'라 판단하기 전에, 우리는 그 사람이 인생의 초기에 다른 하드웨어를 발달시킬 수도 있다고 생각해야 하며, 다른 감각적 접근을 사용하여 더 잘 의사소통하도록 노력했다면 분명 나아졌을 것이라고 믿을 수 있다.

동시에 다양한 감각 채널을 개발하는 교육은, 아이들에게 외부 세계로부터 풍부한 정보 흐름을 받을 수 있는 두뇌를 가지도록 아이들에게 평생의 기회를 제공하는 것이다.

더 풍부한 입력 정보로 우리는 각각의 인간에 대해 보다 풍부한 삶을 기대할 수 있다. 바라 건데, 사람 사이에서 보다 나은 의사소통과 보다 넓은 이해를 기대한다.

두 개의 대뇌 반구
The Two Cerebral Hemispheres

두뇌는 2개의 '반구hemispheres'라 불리는 것으로 구성되어 있으며, 대뇌 피질이라고 불리는 외부 층은 가장 나중에 진화한 부분이다.

진화 과정 동안 인간의 피질은 두개골 뼈에 들어가고 (천억 개의 세포를 기억하라) 우리의 신체 균형 상태에 영향을 미칠 만큼 크지 않기 위해 구불구불 접혀서 성장했다. 결과적으로 피질은 두뇌의 주름cerebral convolutions으로 스스로 접혀 있다.

피질과 그 밑에 있는 부분은 매우 연약한 조직으로 이루어져 있다. 따라서 그들은 단단한 케이스인 두개골 속에 숨겨 있기 때문에, 잘 보호된다. 두개골은 전두골 frontal bones, 두정골parietal bones, 측두골temporal bones, 후두골occipital bones로 구성되고 두개골 밑에 놓여 있는 두뇌의 부분들은 전두엽frontal lobes, 두정엽parietal lobes, 측두엽temporal lobes, 후두엽occipital lobes이라고 불린다.

좌우 두 반구 사이의 지속적인 소통은 두 반구를 연결하는 수 천개의 신경 섬유에 의해 유지된다. 지난 수십 년 동안, 두뇌의 두 반쪽이 기능하는 것에 대한 지식이 많이 증가했다. 비록 양쪽 반구 모두 운동과 감각 정보를 조정하는 것과 같이 동일한 기능을 가진 피질 영역을 가지고 있지만 보통 한쪽 반구가 글 쓰는 손의 움직임을 통제하는 것과 같이 언어 기능은 한쪽 반구에서만 수행된다.

대부분의 사람은 그들의 언어 중추가 좌 반구에 있고, 오른손으로 글을 쓴다. 두뇌가 조정된 움직임을 위해 보내는 메시지는 신경섬유를 가로지르며 전달된다. 두뇌의 좌측 부분은 신체의 우측으로 가고 그 반대도 마찬가지이다. 어떤 아이들은 태어나자마자 왼손을 사용하는 것을 선호한다. 환경에서 그들이 왼손을 사용할 때 절대로 금지해서는 안 된다. 금지로 인해 미래에 문제가 생기는 것을 피하려면 이런 자연스러운 차이를 존중해야 한다.

말하기speaking와 쓰기를 통제하는 반구도 소위 이성적인 사고를 하는 곳이다. 말 Speech은 '한 번에 한 단계씩' 논리적인 순서를 따를 필요가 있다. 우리가 말의 순서를 바꾼다면, 우리가 말하는 것의 의미도 바뀔 것이다. 수학에서도 마찬가지다. 이모든 기능은 분석적인 사고를 필요로 한다. 우리 삶의 매우 중요한 부분이며, 이 반구의 작업은 기술뿐만 아니라 인간이 이것을 획득하려는 노력에 달려있다.

다른 반구는 비언어적인 언어의 형태인 몸짓과 얼굴의 표정을 통제한다. 여기서 우리는 많은 데이터를 동시에 처리해야 하는 춤과 스포츠에 필요한 근육 조절을 발견한다. 이런 정보는 활동을 통한 적절한 반응을 나타내기 위해 매우 신속하게 종합되어야 할 필요가 있다. 즉 직관적인 사고를 포함하는 상황이 전체적으로 보이며 모든 정보를 동시에 검토하고, 판단에 도달하면 즉시 해결책을 제공한다. 이를 담당하는 반구(대개 오른쪽)는 단어 대신 이미지를 사용한다. 그것은 다양한 종류의 그래픽 언어와 음악을 다룬다.

두 반구는 서로 다른 기능을 전문으로 하며, 둘 다 중요하다. 이 두 반구의 통합은 더 풍요로운 삶을 만든다. 언어적, 논리적 반구는 우리가 깨어있을 때 더 많이 사용되는 반면, 비언어적이고 직관적인 반구는 수면 중에 (특히 꿈속에서) 더 많이 사용된다. 두 반구에 의해 수행되는 다른 작업은 두 종류의 의식과 두 종류의 기억을 만들어 낸다.

신생아들은 즉시 이런 전문화의 결과를 보여 준다. 아이들은 말을 들을 때 좌 반구에서 더 많은 일을 하고, 음악을 들을 때는 우반구를 더 사용한다.

인간의 현실이 두 가지 다른 모드로 구성된다는 것과 처음부터 똑같이 중요한 두 개의 반구에 대한 적절한 자극을 제공해야 한다는 사실을 모든 교육자는 잘 이해해야 한다.

반구들은 훌륭하게 협력을 할 수 있고 그들을 연결하는 섬유들을 통해 정보를 공유할 수 있다. 직관적인 통찰은 다른 사람과의 의사소통을 가능하게 하는 논리적인 언어 순서를 우리 내부의 더 나은 의식의 형태로 전환한다. 또한 언어 표현도 그래픽 영상으로 변환할 수 있으며, 이미지가 잘 실행되는 경우에는 단어 자체보다 훨씬 더 강력한 의사소통 수단이 될 수 있다.

교육에 있어서 이러한 이중적인 인간의 실체를 인식하는 것은 매우 중요하다. 우리가 '이중적 사고'를 하고 있다는 사실을 진지하게 생각하기 전까지는 새로운 교육 체계가 나타나지 않을 것이다.

어떤 연령의 아이든 인간의 마음의 위대한 잠재력을 개발하는 데 도움이 되는 언어적 및 직관적 사고의 균형 잡힌 경험을 제공 받아야 한다. 그 결과로 두뇌의 더 나은 기능뿐만 아니라 그들의 개인 및 사회생활에 큰 행복을 주게 된다.

두 개의 반구가 함께 작동할수록, 우리가 하는 모든 것이 더 풍부해질 것이다. 어떤 분석이라도 이미지를 추기함으로써 향상될 수 있으며, 우리는 이 기능들을 완전히 별개라고 생각해서는 안 된다. 잘 통합된 사람은 두 개의 반구를 모두 사용할 수 있어야 하며, 주어진 일의 구체적인 작업에 따라 다른 반구보다 하나를 더 사용할 수 있어야 한다.

서구 교육에서는 우반구가 할 수 있는 많은 것들이 서구 문명에서 높이 평가되지 않기 때문에 그들을 분리하는 경향이 있다. 그래서, 아주 어린 나이부터 아이들은 우반구로 자신을 완전히 표현하는 것을 배우지 않는다. 그들은 신체 운동, 춤, 노래, 그림 및 다른 모든 예술에 큰 중요성을 부여하지 않았다.

반면에 동양 문명에서는 두뇌의 직관적인 부분에 더 큰 중요성이 주어지고 있으며, 우리의 존재와 현실을 이해하는 것에 관한 문제를 해결할 때 논리적 사고는 관련성이 없다고 여긴다.

하지만 아이들에게 한 가지 사고방식이 다른 것보다 낫다는 견해가 직접적으로나 간접적으로 영향을 미치지 않도록 해야 하며 두 부분의 두뇌를 사용할 기회를 주어야 한다.

우리의 가까운 미래를 위한 큰 희망의 원천은 다양한 문화가 더 완전해지기 위해 서로를 필요로 한다는 것과 서로 배우고 공유할 것이 많다는 것을 인식하는 것이다.

신경 생리학을 생각할 때, 우리는 각각의 생각이 인간의 절반만을 대표하며 두 가지 사고방식 모두가 가치 있다는 것을 알 수 있다. 과거에는 뇌 반구에 대한 선호도가 있어서 한쪽을 강조했지만 이제 교육은 양쪽 반구의 작용이 필요하고 유익하다는 것을 인식해야 한다. 양 반구의 만족스러운 협력만이 우리 자신과 우리를 둘러싼 삶에 대한 더 나은 이해를 기대할 수 있게 할 것이다.

흡수 정신
The Absorbent Mind

두뇌는 각 반구에서 전문화된 작업을 수행할 수 있는 엄청난 잠재력과 능력을 갖춘 놀라운 기관이다. 어릴 때와 그 이후의 인생은 다르게 펼쳐진다.

어릴 때 모든 학습 행위는 특별한 방법으로 일어난다. 환경으로부터 오는 모든 것은 무의식적인 흡수의 형태를 사용하여 아무런 노력 없이 두뇌 세포에서 받아들이고 가공되며 저장된다. 이 강렬한 정신 활동은 태내에서도 항상 일어나고 있으며, 그것은 '흡수 정신the absorbent mind' 의 특징을 가지고 있다.

이것은 어린아이들이 그들 개인의 발달을 가능하게 하고 환경에 빠르게 동화되도록 도움을 주기 때문에 아이의 인생에 큰 도움이 된다. 이러한 흡수 정신으로 아이는 주위의 언어를 쉽게 학습한다.

언어가 아무리 어려워도, 아이들은 1세까지 그것을 이해할 수 있고 2세에는 모든 다양한 발음과 구문의 구성으로 그것을 재생할 수 있다. 이 놀라운 과정은 직접적인 가르침을 거치지 않는다. 이 기본적인 획득은 청각 입력의 결과로, 적절한 장소에 흡수 및 저장되고 필요한 경우 기억된다. 우리는 언어의 예를 사용해 왔다. 왜냐하면, 그것은 증명하기가 매우 쉽기 때문이다. 하지만 아이의 정신은 또한 그가 사는 곳에서 일어나는 모든 인간 활동에 대한 정보 즉 운동, 음악, 노래 등을 흡수한다.

다시 한번 우리는, 작은 크기의 아이와 그 작은 크기의 아이가 첫 몇 년 동안에 수행해 낸 엄청난 양의 정신적인 일들 사이의 불일치에 직면한다. 이것은 그 후의 몇 년 동안의 학습과 비교했을 때 정말로 대단한 일을 이루어 낸 것이다.

부모들 그리고 일반적인 어른들이, 아이들이 소유하고 있는 그러한 흡수 정신의 특별한 장점을 인식하게 되면, 그들은 확실히 가능한 한 흡수정신을 활용할 수 있도록 돕는데 더 많은 협력을 할 것이다. 인간은 여러 가지 면에서 특별하지만, 삶의 시작부터 지속적인 보살핌에 의해서 아이들의 발달 과정이 어떻게 변화되는지를 발견하는 것은 정말 놀라운 일이다. 이러한 보살핌에는 큰 지혜가 필요하며, 아이들의 발달에 유리하게 준비된 환경과 함께 '생명을 돕기 위한aid to life' 노력을 해야 한다.

인간 정신의 다양한 요소들
The Different Components of the Human Mind

보다 과학적인 교육으로 아이들에게 필요한 모든 도움을 제공하는 것을 목표로 할수록, 삶의 질은 더 좋아질 것이다. 부모들과 교육자들은 인간의 진정한 욕구에 대한 생각을 분명하게 발달시킬 필요가 있다.

다양한 문화들이 이러한 필요에 대한 다양한 해답을 주었다. 유네스코UNESCO가 시행한 교육에 관한 연구는 더 나은 발달을 위해 인간의 다양한 요소를 육성할 필요성에 관해 관심을 가져왔다. 인류 진화의 길을 따라가면서, 우리는 진정으로 자신을 표현하고, 행복해하고, 자아실현에 이를 수 있는 삶의 기본적인 조건을 만들어가도록 노력할 수 있다.

인간은 적어도 6개의 부분으로 구성되어 있으며, 각각은 자신의 기본적 욕구의 특징을 가지고 있으며, 이것이 잘 실현되면 인간 잠재력의 모든 풍부함이 실현될 수 있다.

1. 일하는 인간 Homo faber
이것은 손이라는 훌륭한 도구를 사용하는 인간이다. 호모 파버는 새로운 시대의 시작을 알린다. 이 인간은 지능에 이끌려 손으로 인간의 환경을 변화시키고 인간화humanization를 시작하기 때문이다. 인간 본성의 이러한 욕구는 여전히 우리 각자에게 존재한다. 우리는 모두 필요에 따라 환경을 변화시키기 위해 손을 적절하게 사용해야 한다. 그러한 일은 위대하고 깊은 만족감을 주며 우리를 인간 문명의 역사에 참여하게 한다.

2. 생각하는 인간 Homo sapiens

이것은 삶의 주요 문제를 생각하고 반성하는 인간이다. '나는 누구인가?' '나는 여기서 무엇을 하는가?' '나는 어디로 가고 있나?'를 묻지 않고는 진정한 인간이 될 수 없다. 이것들은 철학적인 문제이다. 철학자는 이름에서 알 수 있듯이 지혜를 사랑하는 사람 (소피아 sophia = 지혜, 필로 philo = 연인)이며, 인간의 삶을 느끼고 세상을 지탱하는 것이 무엇인지 이해하려고 노력하는 사람이다.

3. 종교적 인간 Homo religious

인간이 철학적 질문을 스스로 묻고 생각하고 반성하기 시작했을 때, 그들은 세상에는 질서 a degree of order 가 있다는 것을 깨닫기 시작했다. 우리는 삶을 시작하고 삶을 살지만, 삶 자체는 우리 존재 없이도 계속된다.

우리는 주위에 있는 것과 우리 자신의 삶을 위해 사용하는 모든 것을 나 스스로 창조하지 않았음에도 불구하고, 이 삶에 참여한다. 우리가 이러한 통찰력을 얻으면, 우리는 세상과 스스로가 자신의 창조자가 아니라는 것을 깨닫고 이것을 인식하는 의미에서 종교적이 된다. 종교는 많은 다양한 형태를 취할 수 있고, 우리를 참여하도록 이끄는 창조물의 존재가 있다. 우리가 종교적 인간이 된다는 것은 창조물 앞에서 끊임없이 일어나는 경이로움과 겸손함의 태도를 가지는 것이다.

4. 유희적 인간 Homo ludens

이것은 생존에 필수적인 것이 아니라 인생을 더 풍부하게 만들고 더 나은 의미를 부여하는 행위이다. 모든 예술, 음악, 춤과 삶의 즐거움에 빠져들고 즐기는 일을 하는 것이다. 예를 들어 춤을 출 때 우리는 몸을 움직인다. 우리가 무언가를 갖고자 하는 것도 아니고 운반하기 위해서도 아니며 오로지 즐거움을 위해서이다. 그것은 더 높은 수준의 움직임이다.

보통 우리가 놀이에 대해 언급할 때, 우리는 놀이가 일의 반대라고 말한다. 하지만, 우리가 언급한 활동들은 개인적인 노력을 해야 하며, 그것이 다른 목표를 가지고 있음에도 불구하고 일work이라는 것이다. 즐기기 위해서 딱히 사람에게 요구하는 것은 없다. 우리가 사회적으로 자유롭게 그것을 선택해서 할 수 있다. 왜냐하면 즐기는 것은 종종 다른 사람과 공유되기 때문이다. 이것을 통해서 사람은 모여서 소통 할 수 있는 기회가 될 수 있고, 인간의 삶의 모든 측면에 기쁨을 더해 줄 수 있는 가능성을 제공한다.

5. 정치적 인간 Homo politicus
어느 문명에서나 우리의 삶에 관한 결정과 선택에 참여하기 위한 정치적 자유의 필요성이 대두된다. 우리는 중요한 결정에 대한 우리의 의견을 묻지 않고 우리 위에 있는 누군가의 명령을 받아들이면서, 사건의 수동적인 대상이 되고 싶지 않다.

우리의 존엄성은 무슨 일이 일어나고 있는지를 알고, 무엇이 최선의 행동 방침인지 발견하고, 이에 대한 책임을 지는데서 시작되는 것이다.

역사를 통틀어 많은 사람은 정치적 자유를 위해 목숨을 바쳤다. 정치적 자유는 포기할 수 없는 매우 강력한 가치임을 알 수 있다.

6. 공동체적 인간 Homo concors
공동체적 인간은 우리가 가진 공통된 본질과 기본적인 욕구를 인정함으로써 다양한 인간들 사이의 모든 장벽을 제거하고자 하는 인간이다. 공동체적 인간은 모든 사람이 인류에게 특별한 무엇인가를 기여한다는 점을 인정하면서, 평화롭고 우호적인 방법으로 삶에 참여하고 공유함으로써 우리가 모두 더 풍성해질 수 있다고 믿는다. 여기에는 우리가 하나의 생명체이고 하나의 행성 안에서 모두 인간 환경의 보살핌과 발달을 위해 동등하게 책임이 있다는 것을 강조한 통합된 인류의 필요성이 포함된다.

제2차 세계 대전 직후, 우리가 유엔the United Nations을 창설하기로 했을 때, 구체적인 방법으로 전 세계적인 단결 욕구가 사회적 의제로 등장했다. 너무나 많은 나라에서 인간의 삶과 가정이 파괴된 전쟁의 참혹함에 대한 최근의 기억을 떠올리며 새로운 시대의 시작이 발표되었다. 폭력이 아닌, 서로에 대한 생각, 이해, 존중을 위해 인간의 능력을 사용함으로써 어려운 문제를 해결하고자 하는 시대가 다가왔다.

아직 우리는 이 목표를 완전히 달성하지 못했지만, 이 발달 단계에 도달한 사람의 많은 훌륭한 활동들이 도처에서 이루어지고 있다. 우리는 아이들에게 더 나은 미래를 제공하기 위한 진정한 희망을 품을 수 있다.

1936년 마리아 몬테소리는 '세계의 시민citizen of the world'을 이야기하며 1937년 '어린이 정당Children's Party'의 창립을 제안했다. 이 세계적인 노력은 인류의 최상의 존재인 아이들을 교육하는데 필요한 협력의 개념을 중심으로 인간을 통합하는 것이었다. '세계의 시민'은 '공동체적 인간homo concors'의 마지막 단계이다. 최근까지 우리는 같은 여권을 소지한 12개국의 시민들로 이루어진 유럽 공동체만을 형성해 왔다.

인류가 진화하고 성장하는 동안 인간의 기본적 욕구의 여섯 가지 유형이 하나둘씩 우리의 역사에 들어왔다. 특정한 시점에 표출된 모든 새로운 욕구는 현재 우리 각자에게 잠재적으로 존재한다. 인간의 진정한 성취는 각각의 욕구를 충족시키는 데 있기 때문에 개인의 발달에서 이러한 욕구의 복잡성의 모든 부분을 지지하고 격려하는 것이 중요하다.

이 모든 측면들은 신체적, 정신적 건강을 위해 균형을 이루어야 한다. 이것을 위해서 우리는 손으로 숙련된 일을 해야 한다. 진지하게 생각하고, 삶의 신비를 종교적으로 접근해야 하며, 시간의 일부를 즐겁고 자유롭게 사용하고, 또한 정치력을 가지고 모든 사람과 평화롭게 조화를 이루며 살아야 한다!

우리는 인류의 거대한 진화와 각각의 개인적 진화 사이에 놓여 있는 우리 자신의 타임 라인을 검토하고, 우리가 어떻게 다양한 요소들을 발달시켰는지 그리고 그것들이 현재 우리 삶에 어느 정도까지 존재하는지를 검증할 수 있다.

우리가 성장 과정의 일부분을 건너뛴다면, 하나의 인격으로 통일과 통합을 이룰 수 없어서 인간의 완전한 지아실현을 이룰 수 없다. 그것은 배아 시기the embryonic period에 문제가 생긴다면, 신체 일부분이 발달하시 못하는 것과 같다. 하지만 배아 단계가 완전히 끝났더라도 (팔다리가 발달하지 않았다면 우리는 인공적 도움을 줄 수 있다.) 정신적 부분은 언제나 다시 되살릴 수 있다.

정신의 법칙은 신체의 법칙과 매우 다르며 삶의 균형을 잡기에는 절대 늦지 않았다. 환경의 도움으로 우리는 언제라도 완전한 자아실현을 향해 나아갈 수 있다.

우리 각자가 각기 다른 경우에, 다양한 방식으로, 자신의 자아를 표현할 수 있는 부분이 많다고 생각하는 것은 흥미로운 일이다. 각 개인의 통합은 많은 부분들의 통합이며, 이들 부분은 잘 발달 되어야 할 뿐만 아니라 협력 안에서 함께 일을 해야 한다.

좋은 사회생활의 첫 번째 단계는 각 개인 안에서 시작된다. 우리의 정신적인 부분이 잘 통합되어 있지 않거나, 지속적인 갈등을 겪고 있거나, 혹은 무시될 때 이것은 각각 사람, 가족 그리고 사회생활을 어렵게 만든다.

외부 세계는 개인의 내면세계를 거울로 삼으며, 그 속에서 우리가 볼 수 있는 많은 갈등은 새로운 형태의 교육을 사용하여 우리를 조화롭게 하고 더욱더 잘 통합할 때만 해결될 수 있다. 그래야만 어떤 차원에서도 사회생활이 향상되어 인간의 성장에 적절한 환경을 제공할 수 있다.

그것은 간단한 작업이 아니다. 그러나 우리가 진정으로 아이들과 우리 자신을 돕기를 원한다면, 더욱 나은 삶의 질을 갖기를 원한다면, 우리가 내부에 가지고 있는 거대한 풍요로움을 충분히 발달시키기를 바란다면, 그것은 반드시 이루어져야 할 일이다.

제8장

이유식
Weaning

음식물과 독립심
Food and Independence

독립으로 가는 길은 생물학적이기도 하고 정신적이기도 하다. 한 사람이 다른 사람을 도울 때는 그 둘을 분리해서는 안 된다. 이 길을 따라 전진하는 데 있어서, 이유기Weaning는 중요한 단계이다.

모든 일에는 때가 있고, 교육에서 그 시기를 놓치지 않고 잘 활용한다면 놀라운 결과를 기대할 수 있다.

아이는 생후 1년 동안 급격히 성장하며, 생후 5개월이 되면 모유만으로는 영양소가 부족해진다. 생의 초기에 그토록 귀한 모유는 이제 곧 고형식의 음식으로 바꾸어야 한다. 5개월 무렵에는 대개 "이유식의 민감기"에 아이가 도착했다는 분명한 신호들이 있다.

1. 임신 중에 축적된 철분은 끝나가고 있다.
2. 전분an enzyme을 소화 할 수 있는 효소인 프티알린Ptyalin이 이제 침 속에 존재한다.
3. 치아가 나기 시작한다.
4. 아이는 주변 환경에서 기어 다니고 움직일 수 있다.
5. 아이는 손을 통제하고 음식을 들고 자신의 속도대로 먹을 수 있다.
6. 아이는 도움을 받아 앉을 수 있다.

7. 아이는 외부 세계에 강한 관심을 보이며, 다른 음식도 이런 관심사
   의 일부이다.

이러한 모든 새로운 신호가 나타나면 우리는 아이에게 큰 변화가 다가옴을 알 수
있다. 단단한 음식을 먹을 수 있는 능력은 더 큰 독립을 위한 준비 상태이다.

생물학적 측면에서, 아이의 독립은 더 이상 모유 생산자로서의 어머니가 필요하
지 않다는 의미이다. 아이들이 이제 다른 방법으로 새로운 음식을 먹을 수 있기 때문
에 정신적인 문제를 생각해 봐야 한다. 빠는 것은 씹는 것으로 바뀔 것이다.

입은 이제 다른 방식으로 사용된다. 더 이상 보살핌이 항상 필요한 것이 아니기
때문에, 음식과 음식을 먹는 자세도 모두 바뀌어야 한다. 이때 아이는 엄마 앞에 앉
아야 한다. 음식의 질적 차이와 어머니와의 다른 관계는 아이의 발달에서 새로운 현
실로 받아들여야 하는 외부적인 신호이다. 아이는 그만큼 성장했다.

환경과의 새로운 관계
A New Relationship with the Environment

아이가 달성한 새로운 역량을 생각하는 것이 중요하다. 이러한 능력은 생물학적
이고 정신적이다. 몸은 이제 더 복잡한 음식을 처리 할 수 있다. (프티알린ptyalin의
생산과 치아의 성장은 소화기 개선 신호이다.) 이제 아이는 환경과 새로운 관계를
맺을 수 있다. 이 후자의 사실은 이유기에 특별한 중요성을 부여한다.

그동안 아이는 어머니와의 긴밀한 신체적 접촉을 통해 모유를 먹었고, 가장 친밀
한 상황에서 어머니의 팔에 안겼고 어머니의 몸 가까이에 있었다. 이제 아이는 음
식을 제공하는 사람 앞에서 먹는다. 이 행동을 위해서 두 파트너는 서로 마주 보고
앉아야 한다. 이때, 아이에게 적절한 크기의 식탁과 의자가 중요한 교육 도구로 사
용된다. (사진 16 참조)

(사진 16) 식탁과 의자는 중요한 교육 도구로 사용된다

　음식을 식탁에 놓아서 아이가 그것을 명확하게 볼 수 있도록 해야 한다. 아이는 음식이 어디에서 오는 것인지를 알아야 하고 아이 크기에 맞는 숟가락으로 먹여야 한다. 숟가락에는 단지 소량의 음식이 들어 있어야 하며, 아이의 입 가까이에 가져와야 한다. 아이가 입을 열 때만 입안에 음식을 넣어야 한다. 아이는 항상 자신이 이 신체 개방을 통제하고 있고 자신의 동의 없이는 어떤 것도 들어올 수 없다고 느껴야 한다. 어른들이 음식에 대해 난폭해지기 쉬운데, 그 이유는 종종 우리가 가능한 한 가장 짧은 시간 동안에 음식을 주는 것에 더 관심이 있기 때문이다. 우리는 이 행동의 깊은 의미에 대해서는 잊고 있다. 음식은 항상 우리의 삶에서 즐거움을 주도록 배려해야 하므로 음식을 먹일 때 강제적인 어떤 힘을 사용하는 것도 피해야만 한다.

　어머니와 아이 사이에 있는 작은 식탁의 간격처럼, 음식을 먹는 동안 설정된 작은 물리적 공간은 정신적 공간의 구체적인 표현이다. 그것은 긍정적인 의미에서 '분리'의 시작이며, 자율과 독립에 대한 자신의 감정을 키울 수 있게 해준다. 이유식이 시작될 때까지, 아이는 이미 손에 빵 또는 다른 적당한 음식을 들고 그것을 스스로 먹는 경험을 가져야 한다.

이유식은 아이의 삶에서 중요한 전환점이다. 음식을 섭취하는 행위가 적절하게 이루어진다면, 애착을 형성하는 근원이 될 수 있다. 즉 신생아가 출생 직후의 긍정적인 전환을 할 수 있는 사실은 매우 흥미롭다. 그것은 또한 아이가 나중에 분리되고 독립하는 데 자연적인 도움이 될 수 있다. 삶의 매일매일 일어나는 간단한 것들이 강력한 도구가 될 수 있으며, 위대한 신체적, 정신적 결과로 성장을 하는 데 사용될 수 있다.

불행히도, 모든 부모가 5개월 또는 6개월 동안 아이의 식단에 새로운 음식을 추가하지만, 종종 이 음식이 제공되는 방식을 바꾸지는 않는다. 그들은 대개 새로운 음식을 우유병에 넣어서 계속 빨게하기 때문에 아이는 새로운 방식으로 입을 사용할 기회를 놓치게 된다. 아이는 씹는 것을 경험하지 않고 입안에 음식을 보관하면서 질감과 맛에 관한 모든 새로운 감각 정보를 경험하지 못한다.

이렇게 우유병을 사용하면 아이가 자기 주변의 음식에 대해 가질 수 있는 자연스런 관심을 망칠 수 있다. 이유식의 민감기는 무심하게 지나가고, 우리가 마침내 아이를 우유병에서 좀 더 인간적인 형태의 식사로 바꾸기로 한 것에 대해 많은 문제점이 차후에 나타난다. 이런 아이는 변화에 저항하고 우유병에 고착된 채로 남게 된다.

이 분야에서 오랜 경험을 가진 나는 6세까지의 아이들이 거의 모든 종류의 음식을 이런 방식으로 계속해서 먹는 것을 보았다. 심지어 7세 아이가 우유병으로 스파게티를 먹는 것도 보았다.

그러나 더 나쁜 것은 아이가 자신의 발달 과정을 자각할 수 있는 소중하고 자연스러운 기회의 상실이다. 새로운 식습관에 대한 경험을 놓치면 아이가 어머니와, 또 주변 세계와 새로운 관계를 맺을 가능성이 없어진다.

식탁에 앉아 있는 것은 아이의 자아에 변화를 가져오고 삶을 통해 반복될 새로운 인간관계의 시작을 가져올 것이다. 이 세상에서 우리의 올바른 위치는 우리의 존엄성을 보장해 주는 다른 이들 앞에 있어야 한다.

이 아이는 이제 자신을 좀 더 개인적인 관계를 정립하기 시작하는 개별적인 사람으로 세상에 소개할 수 있다. 음식은 훨씬 더 중요한 내적 과정의 외부적 매개체가 되며 아이는 음식과 분리를 시작한다. 즉 자신의 정체성을 구축하는 것이다. 다양한 음식과 그것을 받아들이는 다양한 방법은 분리, 독립 그리고 자아의 발달과 강력하게 연관되어 있다.

아이들을 위한 음식은 더 이상 엄마의 몸에 의해서 생산되지 않고 대신 어른들처럼 먹는 음식이다. 이것을 매일 반복하여 아이에게 제공하는 것은 아이가 성상하고 있다는 것과 그의 주변 사람과 비슷하게 삶에 참여할 수 있다는 것을 이해하도록 기회를 주는 것이다.

만일 우리가 습관이 바뀌고 관계가 바뀌는 순간을 이용하지 않는다면 우리는 교육의 기회를 놓치고 있으며, 아이의 독립 과정에 장애가 되는 것이다. 또한 신체적, 정신적으로 더 어려운 미래를 맞이하게 될 것이다.

아이가 5개월에서 6개월쯤 되었을때 부모들은 비록 아이의 크기는 작지만, 개인적인 발달 면에서는 훨씬 더 진보된, 다른 인간이 되었다는 것을 알아야 한다.

이유의 시작은 축하할 만한 가치가 있고, 부모들이 그 아이가 얼마나 빨리 발달하고 있는지를 인정하는 데 도움을 줄 것이다. 시간의 경과를 알리며 잔치를 벌이는 생일을 축하하는 것도 의미가 있지만, 인간의 기초적인 단계의 성장을 알리는 이유식을 축하하는 것은 더욱 의미가 있는 일일 것이다.

이유식 준비
Preparation for Weaning

만약 우리가 '장기적인 준비'를 한다면, 중요한 이유식 기간은 훨씬 더 잘 시작할 수 있고 아이는 새로운 음식을 훨씬 더 쉽게 받아들일 수 있다. 다년간의 경험이 증명되었듯이 만약 아이가 이전에 몇 가지 특정한 경험을 할 기회를 가진다면 이유식은 지언스리운 과정으로 받이들일 것이다.

생후 3개월 초 아이는 공생의 신생아와 매우 다르다. 아이는 외부 세상을 보고 주변에 있는 모든 것에 관심을 가질 준비가 되어 있다. 이 변화를 염두에 두고 새로운 맛을 소개할 수 있다. 처음에는 1~2 티스푼의 천연 제철 과일즙을 제공하는 것이 좋다. 아이가 깨어 있고, 차분하게 주위 생활에 관심을 가질 때, 과일즙을 수유 한 시간 전에 제공한다. 숟가락의 크기는 아이 입이 아주 작기 때문에 매우 작아야 한다. 이것을 고려하지 않을 경우 큰 숟가락은 불편하며 심지어 폭력적으로 느낄 수도 있다. 숟가락을 아이 입술 근처에 놓아서, 아이 입술이 숟가락에 닿거나 혀를 보여 줄 때 우리는 그 위에 과일즙 몇 방울을 떨어트려 준다.

우리가 처음으로 아이에게 과일즙을 주었을 때 아이는 몇 번 찡그릴 수도 있지만, 보통은 제공하는 것을 거절하지는 않는다. 며칠의 시도 후에 아이는 숟가락을 알아보고 즉시 입을 벌릴 것이다. 아이는 아마도 과일즙이 다 없어지면 더 먹고 싶어서 실망할 수도 있다. 이러한 식사는 하루에 두 번 제공된다.

과일즙과 함께 우리는 모유나 우유의 단맛과는 완전히 다른 맛을 제공하고 또한 다른 먹는 방법도 제시한다. 숟가락은 아이 입의 앞부분에 놓이고, 위치는 모유 수유 중 젖꼭지를 물고 있는 부분이다. 아이는 좋아하는 만큼 과일즙을 음미하고 준비가 되면 삼키기 위해 그것을 입에 담고 있다. 이처럼 아이는 다른 방법으로 과일즙을 경험할 수 있다.

이 과일즙은 비타민이나 칼로리를 제공하기 위한 것이 아니다. 그것은 단지 음식과 관련된 추가적인 감각 정보의 원천으로 주어진다.

당연히, 늘 그렇듯이 모유 수유는 이 기간 동안 계속 진행된다.

4개월 동안 계속하면서 (하루에 두 번 찻숟가락으로 서너 번씩 준다) 점차 새로운 음식의 경험을 추가할 수 있다. 예를 들어, 껍질을 벗긴, 2~3일 지난 딱딱한 빵 한 조각을 줄 수 있다. 이것은 아이의 입안에 꼭 들어갈 수 있는 모양으로 잘라야 한다. 이 빵은 수유한 직후에 줄 수 있고, 먹는 즐거움을 계속 즐길 수 있도록, 아이가 먹고 싶을 때마다 스스로 언제든지 입으로 가져갈 수 있다. 빵은 맛이 담백하거나 약간의 올리브 오일이나 토마토즙을 첨가해서 맛을 낼 수도 있다. 이 빵은 신체적으로도 정신적으로도 모두 중요하다.

신체적으로 말하면, 그것은 아이가 액체가 아닌 음식에 익숙해지도록 돕는다. 이것은 적절한 시기에 행해져야 한다. 그렇지 않으면 아이는 8~9개월에 음식에 들어 있는 작고 딱딱한 조각들도 거절할 것이고 부모들이 모든 음식을 액체화시키도록 강요할 것이다. 4, 5개월은 진정으로 이유식의 민감기인 것 같다.

정신적으로 말하면, 이것은 아이가 혼자서 먹을 수 있는 첫 경험이다. 자신의 선택에 따라 손으로 음식을 조절해서 입에 넣는 그의 첫 경험이다. 아무도 그것을 아이에게 해주지 않는다. 이런 개인적인 능력의 경험은 몇 그램의 빵보다 훨씬 더 중요하다. 아이가 혼자 할 수 있는 모든 상황은 자아에 힘을 주고 환경과의 관계를 바꾼다.

수년간의 관찰 결과, 우리는 이 시기에 이유식 과정을 시작하는 아이들은 식탁에 앉아서 점차 다른 종류의 음식을 받아들이는 데 전혀 문제가 없다고 말할 수 있다.

생후 4개월에도 수유가 끝난 후, 아이가 신중하고 협력할 준비가 되었을 때는, 잘게 썬 생선에 소금, 레몬주스, 올리브 오일을 약간씩 넣어서 반죽한 것을 한두 스푼 제공할 수 있다.

과일즙과는 대조적으로, 이러한 음식들은 아주 적은 양으로 주어질 때도 몸속에서 소화 과정이 필요하다. 수유가 끝날 때 그와 같은 음식을 줌으로써 아이에게 소화에 필요한 시간을 제공한다. 어느 날 우리는 생선을, 다른 날은 간을 줄 수 있다. 톱니 칼로 간을 긁고 끓는 물에 데쳐서 간을 요리한다. 맛을 내기 위해 소금, 올리브유, 레몬을 조금 첨가할 수 있다. 부모가 먹는 간과 생선을 조금 나누어 먹기 때문에, 아이를 위해 특별한 음식을 요리하는 것은 아니고, 오히려 가족의 음식을 나누어 먹을 수 있도록 한다. 아이는 비축하고 있던 철분이 끝나기 때문에 대개 이유식을 시작할 때가 된 5개월까지 이처럼 계속한다. 아이의 성장과 발달에 따라 일부 아이들은 더 많은 시간을 필요로 할 수도 있다. 이유식 음식에는 무기질이 많은 야채 국물을 첨가할 수 있다. 당근, 감자, 호박 및 다른 녹색 채소(그러나 처음에 시금치 나 양파처럼 신맛이 느껴지거나 쓴맛이 나는 채소는 사용하지 않는다)를 소금을 넣지 않는 물에서 끓인다. 이런 국물은 만들기 쉽고 야채가 남을 경우 가족이 먹을 수 있다. 이때 아이에게 제공하는 국물은 모두 채소 안의 무기질로 우러나온다. 이 유식의 음식은 이 야채 국물을 사용하고, 일반적인 소금은 아이의 식단에 나중에 커서 첨가할 수 있다. 3일치의 이 야채 국물을 한 번에 준비해서 냉장고에 보관하고 필요할 때마다 꺼내서 사용한다.

이러한 야채 국물에 몇 가지 곡물이나 쌀가루와 같은 것을 넣을 수 있다. 곡물 한 큰 숟가락으로 140g의 수프를 만든다. 이것은 아이들이 완전히 고체는 아니지만, 여전히 우유보다는 덜 액체인 어떤 것으로 옮겨 가는 것을 도와주면서, 수프는 적절한 농도로 만든다. 수프에 맛을 내기 위해서 우리는 약간의 소금뿐만 아니라 해바라기씨 기름과 파마산 치즈를 넣을 수 있다. 하지만 무엇보다 중요한 것은 이 식사는 아이가 식탁 앞에 앉아 있는 상태에서 제공되어야 한다는 점이다.

일찍부터 음식을 먹는 것은 이유식을 위한 준비로써 단지 아이들의 음식 경험을 확대하려는 것이었다. 이제 우리는 이유식이 단순히 소비되는 음식의 변화뿐만 아니라, 먹는 과정을 통해, 아이와 환경의 관계에 변화를 주기를 원한다. 우리는 아이가 이제 다른 사람이고 성장했다는 것을 느끼게 해주고 싶다. 이런 이유로, 아이는 보다 편안함을 보장하기 위해서 아마도 쿠션을 뒤에 두고 앉을 수 있는 공간이 필요하다. 불편한 자리에서는 아무도 즐겁게 음식을 즐길 수 없다.

이유식은 안정되게 아이들 앞에 놓여 있어야 한다. 우리는 또한 음식과 음식의 위치가 아무리 다를지라도, 가장 인간적이고 즐거운 사회적 삶의 행동 중 하나를 공유하면서, 아이와 함께라는 것을 기억해야 한다.

이제 우리 앞에는 마음속에서만 상상했던 인간, 우리의 식탁에서 초대할 수 있는 가장 중요한 손님인 아이의, 인간관계와 독립을 돕고 있다. 이 순간 새로운 음식이

나오는 방식도 매우 중요하다. 수프는 그릇에 담고, 숟가락은 식탁 위에 놓고, 아이 크기의 유리컵과 물이 담긴 작은 주전자를 함께 놓는다. 이것은 함께 하고 있는 새로운 일들을 아이가 이해할 수 있도록 전전히 제공해야 한다.

만일 우유병에 수프를 담아서 아이에게 주면 모든 이유식의 정신적인 의미가 사라지고 우리는 단지 음식의 종류만을 바꾸고 있는 것이다. 아이가 씹는 대신에 계속해서 빨기만 할 때 이것은 심지어 입천장의 적절한 발달과 치아의 올바른 발달과 성장을 방해하고 있다는 것을 알아야 한다. 정신적 자아에 가해지는 어떤 피해도 신체적인 부분에 영향을 미치며, 그 반대도 마찬가지이다.

이 수프가 처음에 한 끼 식사 대용으로 주어질 때, 결코 아이들이 먹어야 할 특정한 양을 고집하지 말아야 한다. 아이가 그것에 금방 싫증을 내는 경우, 즉시 아이에게 평소 먹던 모유나 우유로 식사를 마칠 수 있도록 제공해야 한다. 하지만, 며칠 안에, 이미 새로운 취향에 익숙하고 음식에 흥미를 느끼게 되면, 이미 아이가 숟가락이 아이 입에 맛있는 것을 가져다주는 것을 알게 되면, 아이는 점점 더 많은 것을 받아들일 것이다.

작은 숟가락은 음식 이외에 절대 사용해서는 안 된다는 점에 유의해야 한다. 예를 들어, 아이가 아파서 약을 먹일 때 사용하는 것은 실수이다. 그 경우에 아이는 숟가락을 약이나 쓴맛과 연관 지어 거부할 수 있다.

이 시점에서, 우리는 한 끼 먹는 것을 이유식으로 대체할 수 있는 완전한 이유식을 제공하는 단계에 도달했다. 이것은 아이가 새로운 음식에 어떻게 반응하고 대처하는지에 따라 5주에서 6주 동안 지속할 수 있다. 이 기간에, 먼저 으깬 감자와 당근을 넣고 나중에 다른 녹색 채소를 넣어서 육수를 준비하는 데 사용된, 작은 조각의 야채를 소개할 수 있다. 이런 식으로, 아이는 수프에 작은 고기 조각이 첨가될 때를 대비해서 준비한다.

6개월이 지난 지금, 우리는 더 단단한 음식을 조금씩 주기 시작하고, 이때 음식에 대한 부작용이 없어야 한다.

(사진 17) 아이는 스스로 음식을 들고 스스로 먹는 경험을 가져야 한다

이유기에 우리는 항상 아이가 스스로 먹을 수 있는 작은 조각의 빵, 바나나나 야채 같은 음식을 제공하는 것을 기억해야 한다. 물론, 그 아이에게 포크를 주고 사용하는 법을 가르쳐 줄 수도 있다. (사진 17 참조) 아이가 스스로 먹기 위해 자신의 손을 사용한다면 개입하지 말아야 한다. 아이들은 우리가 숟가락, 포크 등을 어떻게 사용하는지 주의 깊게 살펴보고, 자신이 그것을 다룰 수 있게 되는 즉시, 우리를 모방 할 것이다.

이것을 강요할 필요는 없다. 하지만 아이의 노력을 격려하는 것이 좋다. 어른들은 아이들이 먹는 법을 배울 때 손이 중요한 도구임을 이해해야 한다. 아이가 음식을 제공하는 사람과 좋은 관계를 맺고 있다면 아이는 자신이 상황을 통제하고 있다고 느낀다. 음식의 양은 처음 먹을 때는 소량으로 시작하고 그 음식이 끝나면 더 많이 먹을 수 있게 한다. 아이에게 엄청난 양의 음식을 먹어야 한다는 인상을 주어서는 안 된다. 어느 연령에서나, 일단 접시에 담긴 음식을 다 먹고 나면 더 많은 음식을 먹을 수 있다는 것을 알게 해주어야 한다.

이유식 과정이 아이에게 매우 즐거운 시간이어야 쉽고 행복하게 이 일을 성취할 수 있다. 만약 아이가 어떤 종류의 음식을 거부한다면, 다시 제공하기 전에 며칠 동안은 제공하지 않는다. 그리고 원인을 모르겠지만, 만약 어떤 음식이 계속 거절당한다면, 그것이 어른에게 적절할지라도, 아이에게 석합하지 않을 수 있다는 것을 받아들여야 한다. 절대로 특정한 음식을 고집하지 말아야 한다. 우리는 아이의 먹는 즐거움을 어른의 강요된 행위로 바꿔서는 안 되기 때문이다. 이럴 경우 아이와 그 음식에 대한 관계는 영원히 나빠질 수 있고 이것은 음식과 관련된 모든 종류의 다양한 병리학의 시작일 수 있다.

몇 가지 규칙과 약간의 보살핌과 인내심을 가진 이유식은 음식을 바꾸는 것 이상의 의미를 가질 수 있다. 그것은 새로운 아이의 출현을 도울 수 있다.

태어나는 순간 아이가 자궁에서 빠져나와야 하는 것처럼, 출생 후, 아이는 더 이상 어머니에 의해 24시간 부양될 수는 없다. 이제 어머니는 다시 그녀의 역할을 변화시켜야 한다. 물론 아이는 여전히 어머니를 필요로 하지만 다른 방식으로 필요하다. 만약 우리가 이유식의 지혜를 이해하지 못하고 계속 모유를 먹이거나, 혹은 시간을 절약하기 위해서 이유식을 우유병에 담는다면, 발달 단계로서 모든 신체적, 정신적 이유식의 영향력을 잃게 된다.

다른 중요한 모든 단계에서와 같이, 이유식 시기에 우리는 아이들에 대한 우리의 기본적인 태도를 드러낸다. 우리는 아이들이 다음 단계로 넘어가는 것이 당연하다고 믿어야 한다. 우리는 새로운 음식과 함께 아이와 그의 어머니 그리고 환경 사이의 새로운 관계의 발달을 기원하고 받아들여야 한다.

7개월 무렵, 아이의 발육과 성장에 따라, 모유나 우유는 새로운 음식으로 대체될 수 있다. 작은 파스타, 밥, 요구르트, 치즈 등 실제로 아이의 음식 경험에는 한계가 없다! 8개월에서 9개월이 되면 아이는 거의 모든 어른의 음식을 먹을 수 있게 되는데, 이것은 인간화 과정에서 중요한 측면이디. 아주 서서히 그리고 아무런 부담 없이, 아이는 어머니의 보유로부터 멀어실 수 있다.

이제 아이는 이유식 과정이 끝났다. 아이는 가족의 식탁에서 많은 가족과 같은 음식을 먹을 수 있으며 독립과 발달의 길을 걷는 또 다른 단계로 향할 것이다.

인공 수유 및 혼합 수유
Mixed and Artificial Feeding

이 장에서는 이제까지 이유식과 그것이 아이의 교육에 미치는 영향에 대한 중요성을 다루는 내용을 마무리하기 위해, 생후 첫 몇 달 동안 수유하는 두 가지 방법인 인공 수유와 혼합 수유에 대해 재검토하고자 한다.

혼합 수유는 모유와 우유를 동시에 사용하는 것이다. 이것은 모유의 양이 부족하거나 수유하는 시간에 엄마가 없는 상황이 일어날 수 있는 경우다. 특정한 상황에 따라, 혼합 수유는 다양한 기법을 사용하여 수행할 수 있다.

모유 공급이 충분하지 않은 경우, 우리는 생산되는 모유의 양이 젖먹이의 생리적 자극과 절대적으로 관련되어 있다는 것을 기억해야 한다. 아이가 젖을 먹을 예정이라면 언제나 먼저 젖가슴에 아이를 붙일 수 있어야 한다

아이가 강하게 빠는 것은 어머니와 아이 사이에 사용되는 바디랭귀지의 한 형태이기 때문에 매우 중요하다. 아이가 젖을 달라고 요구하면 어머니의 신체가 반응을 보인다. 아무리 모유가 적게 나올지라도, 아이는 우선 한쪽 가슴을 빨아야 하고, 충분히 빤 후 다음에는 반대쪽에 두어야 한다. 모유를 충분히 다 빤 후, 부족한 양은 이미 준비된 우유를 줄 수 있다. 아이의 충분한 식사를 마치려면 즉시 이것을 준비해두고 주어야 한다.

그런데 모유의 양이 부족해서 준비해 둔 보충의 우유가 소량이라면, 그것을 우유병에 담아주지 않고 작은 컵에 주도록 한다. 아이는 작은 컵을 사용하는 것을 매우 빨리 배우고, 심지어 그것을 핥기도 한다. 고무로 만든 우유병은 너무 쉽게 빨리고, 빠는 데 많은 노력도 필요로 하지 않기 때문에, 때로는 아이의 자연스러운 빨기의 욕구가 멈출 수도 있다.

모유를 먼저 먹이고, 필요한 경우 우유를 주면, 모유와 우유 두 종류가 아이의 뱃속에서 섞여서 소화가 잘되게 한다. 이것이 상호 보완적인 혼합 수유이다.

이러한 상호보완적인 혼합 수유를 하면, 모유 생산을 위한 자연적인 자극이 유지될 뿐만 아니라, 어머니와 아이 사이의 긴밀한 접촉이 언제든지 유지될 수 있기 때문에 그 관계는 보호된다.

반면에 모든 수유 시간에 어머니가 함께할 수 없을 때 필요한 만큼 충분히 인공수유와 분유를 준 후 나중에 모유 수유를 하는 혼합 공급은 매우 특별한 상황을 제외하고는 권장되지 않는다. 이럴 경우 어머니의 젖가슴 자극은 하루에 몇 번씩 줄어들고, 결국 어머니가 수유를 중단하기로 할 때까지 모유의 양은 점차 감소하는 부정적인 악순환이 시작될 수 있다.

따라서 보완적인 방법으로 혼합 수유를 하는 어머니들은 항상 모유 수유를 먼저 시도하도록 지지되고 장려되어야 한다. 그들은 아이가 단지 몇 분 동안 젖을 빨아도 두 파트너에게 많은 신체적 그리고 정신적 도움을 준다는 것을 깨달아야 한다. 아무리 적은 양이라고 해도 모유 수유의 작용은 그 자체가 유익하다. 왜냐하면 친밀한 접촉, 항체의 전달, 적절한 얼굴 뼈의 발달 등을 향한 자극이 수반되기 때문이다. 무엇보다도 기억해야 할 것은 모유의 양이 아이의 전체 요구량에 미치지 못한다고 해서 모유 수유를 중단해서는 안 된다는 점이다.

우리는 때때로 이렇게 신생아와 어린아이들에게 인공 우유를 공급한다. 이러한 우유는 사람의 젖이 아닌 소의 젖이 사용되기 때문에 인공이라고 불린다. 우유는 사람의 모유와 성분이 다르다. 아무리 희석하고 첨가물을 넣어도 모유와 절대 비슷하지 않을 것이다. 모유에 있는 더 많은 양의 단백질, 더 적은 양의 지방 그리고 이것과 함께 비타민이나 항체의 부족을 보상할 수 없다.

인공 우유가 모유와 같은 성장의 품질을 제공하지 않는 것은 분명하다. 여기서 우리는 인공수유의 문제점을 줄이고 부모들이 아이를 적절하게 도울 준비가 되게 하려고 인공 수유와 관련된 다른 문제들에 대해 논의해야 한다.

인공 우유에는 소화에 필요한 시간이 모유와 차이가 있다. 아이가 우유에 들어 있는 단백질을 처리하는 데는 적어도 30분이 더 필요하다. 따라서, 각각의 수유 주기 사이의 간격을 늘려나가는 것이 필수적이다. 이럴 경우 자유 수유 혹은 아이가 울 때 먹이는 수유는 불가능하다. 그리고 우유를 섭취하는 양은 소화기관의 작동을 생각해서 온종일 충분한 간격을 두고 같은 양으로 나누어야 한다.

또 다른 고려 사항은 모유와 우유의 대변은 다르다는 것이다. 색깔, 냄새, 밀도 및 점도에 차이가 있다. 이것은 소화기관이 모유와 우유에 따라 얼마나 다르게 작용하는지 보여준다. 두 가지 수유 방법에 따라 배변 횟수도 다르다. 모유를 먹은 아이의 변은 부드럽고 크림 같으며 소량이 2~3번의 동작으로 배출된다. 우유를 먹은 아이들은 더 단단한 대변이며 쉽게 배설되지 않는다. 대개 단 한 번의 움직임만 있고 아이는 때때로 그것조차도 배출하는 데 어려움이 있다. 장을 비우는 데 (배변 운동에) 더 큰 노력이 필요하여 아이는 장에 불편함을 느껴서 거기에 신경을 쓰게 되고 이는 주로 변비의 원인이 된다.

변비를 해결하기 위해 항문에 글리세린 좌약과 같은 뭔가를 넣는 해결책은 피해야 한다. 왜냐하면 그것은 몸의 경계선 중 하나를 난폭하게 뚫고 들어가야 하기 때문이다. 이는 또한 내부에서 외부로 움직이는 신체의 자연적 기능을 바꾸는 것이다. 부자연스러운 자극은 다른 요인과 함께 아이들이 이 신체 부위의 기능에 지나치게 신경을 쓰게 만드는 이유 중 하나가 될 수 있다.

수유 방법에 따라 달라지는 또 다른 과정은 빨기이다. 인공 수유인 경우, 음식을 먹는 데 필요한 노력이 줄어들고 식사를 마치는 데 더 짧은 시간이 걸린다. 따라서 완전한 만족감에 도달하는 것이 어렵다. 일단 아이가 우유병에 담긴 우유를 다 마시면, 우유를 빠는 것을 멈춰야 한다. 하지만, 많은 아이가 성장을 위한 충분한 우유를 먹고 배가 불러도, 충분한 구강의 즐거움을 누리지 못한다.

빠는 목적은 단지 음식을 먹기 위한 것이 아니라 상호 간의 지식, 애착과 관계를 제공한다. 이것을 참고하여 우리는 인공 수유에 대한 단점을 보완하기 위해 모유 수유와 마찬가지로 아이를 안아 주고 아이를 바라보고 빠는 기쁨을 제공하는 고무젖꼭지를 잠시동안 제공함으로써 인공 수유에서 나타나는 부족함을 보상할 수 있다.

특히 공생의 몇 주 동안은, 모유 수유와 마찬가지로 인공 수유도 어머니에 의해서만 행해져야 한다. 이때는 구체적인 기준점이 정립되는 특별한 시기이기 때문이다. 이러한 우선적 관계는 인공 수유에서도 동일한 방식으로 정립되어야 한다. 이 시기 어머니의 존재는 없어서는 안 될 필수적인 존재이다. 모유를 먹일 때와 똑같이 우유를 제공할 때도 목소리, 냄새, 얼굴, 심장 박동 등이 어머니와 함께 아이에게 제공되어야 한다.

어머니는 수유하기 위해 선택한 구석에 편히 앉아 아이를 주의 깊게 지켜봐야 하는데, 그렇게 해서 아이가 우유병에 집중하지 않고, 우유를 제공하는 사람에게 집중하게 해야 한다. 비록 이 음식이 어머니의 몸에서 만들어진 것은 아니지만, 가장 중요한 의미는 이 음식이 사랑하는 사람에 의해 주어지고 있다는 것이다. 아이는 반드시 사람과 함께 하는 것이 좋다는 메시지를 받아야 한다. 인공 수유가 정말로 위험한 것은 아이와 함께 있는 사람의 중요성이 잊힐 수 있고, 배를 채울 음식을 제공하는 것에만 국한될 수 있기 때문이다. 우유병이 사람에 붙어 있는 젖가슴의 대용품이라는 사실을 잊은 채, 우리는 심지어 그 우유병을 베개 위에 올려놓고 아이가 혼자서 빨게 하는 것을 볼 수 있다. 이것은 균형 잡히고 행복한 사회생활의 기초인 사람과 함께 하는 기쁨을 우유병이 대신함으로써, 사람이 아닌 우유병과 같이 무생물인 물체와 관계의 즐거움을 찾도록 대상을 뒤바꿀 수 있다. 이러한 가능성은 매우 위험한 선례를 만든다.

따라서, 이유식을 시작할 때까지 우유를 주는 어머니가 아이를 모유 수유와 같은 자세로 아이를 안는 것은 특히 중요하다. 아이의 얼굴은 어머니 쪽으로 향하게 해서 서로를 볼 수 있게 하고 우유병을 잡고 있어야 한다. 우유병이 보통 빛을 반사하듯이, 강한 반사로 인해 아이의 눈을 감게 하거나 주의를 끌지 않도록 손으로 병을 감싸는 것이 좋다.

요약하자면, 우유병이 어머니의 젖을 대신할 수 있으나 가슴을 가진 사람을 대신할 수는 없다!

인공 수유가 끝난 후 아이를 안고 있을 때는, 때때로 좀 더 빠는 시간을 제공하는 것이 필요하다. 몇몇 아이들은 입을 벌리며 그들이 빠는 대상을 찾고 있다는 것을 분명하게 보여 준다. 아이가 엄마와 함께 있는 잠시 동안은 고무 젖꼭지를 사용할 수 있지만, 아이가 만족감을 느꼈을 때, 젖을 먹일 때와 마찬가지로 그것을 제거해야 한다. 고무젖꼭지를 아이의 입에 오랫동안 물리게 되면 그것은 거의 아이 몸의 일부분이 되어 버린다. 그리고 아이의 삶에서 고무젖꼭지를 제거하는 것이 점점 더 어려워지게 된다.

처음부터 즐거움이란 함께 하는 사람에게서 오는 것이 아니라 무엇인가를 빠는 것에서 온다는 잘못된 메시지가 주어지면, 그 잘못된 패턴이 아이의 정신의 기본 프로그램에 각인되는 경향이 있다.

부모는 아이를 교육하는 데 있어서 자신의 역할을 결코 잊어서는 안 된다. 인간이 되는 긴 과정은 우리의 중재를 필요로 한다. 물건은 인간에 의해 주어질 때만 의미가 있다. 관계는 항상 사람 대 사람이어야 한다. (그리고 작은 아이도 사람이다!) 결코 사람과 물건의 관계로 왜곡되어서는 안 된다. 우리가 이 원리를 이해한다면, 인공 수유도 아이의 인격과 정신적 발달에 해롭지 않다.

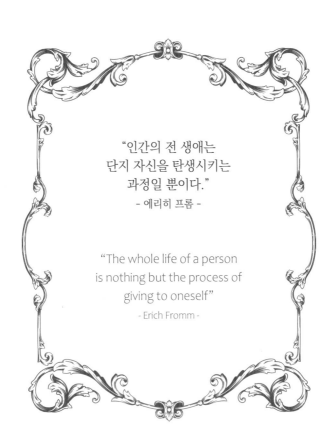

"인간의 전 생애는
단지 자신을 탄생시키는
과정일 뿐이다."

- 에리히 프롬 -

"The whole life of a person
is nothing but the process of
giving to oneself"

- Erich Fromm -

제3부

인간의 통합적 발달

Integrated Development of the Human Being

제9장

협응력의 발달
The development of coordinated movement

도입
Introduction

어릴 때 발달하는 가장 중요한 양상 중 하나는 운동의 발달이다. 이 장에서는 운동 발달 과정의 개요를 제시하면서 운동의 신체적, 정신적 영향을 살펴보고자 한다. 운동 발달을 위해서 비용을 들이거나 복잡한 장치를 사용하지 않고도 이 발달 단계에서 일어나는 아이의 변화를 이해함으로써 많은 도움을 줄 수 있다.

운동은 삶의 본질적인 특징이며 생존을 위한 필수적인 도구로써 모든 생명체가 필요한 것을 취하고 해로운 것을 피할 수 있게 도와준다. 50억 년의 진화 과정 내내, 운동은 앞뒤로 움직이는 단세포 생물의 단순한 형태의 움직임으로부터 점차 더 복잡해져서 인간의 대단히 세련된 운동으로 발달했다.

우리가 논의할 운동의 형식은 인간의 생각을 구체화하는 협응력이다. 이것은 인간이 가지고 있는 모든 생각과 계획을 실현하는 역할을 하는 '의도된willed' 운동이다. 의도된 운동은 인간이 마음대로 사용할 수 있는 도구로, 개인 생활의 모든 목적을 위해 통제되고 사용될 수 있다.

운동의 관점에서 보면, 갓 태어난 아이는 바깥세상을 살아갈 준비를 하기도 전에 어머니의 자궁을 떠난다. 자발적으로 통제할 수 있는 신체 부위는 입(아이가 엄마 가슴에 다가가 젖을 빨 수 있는 근육)과 목(아이가 모유를 삼키고 엄마의 관심을 끌기 위해 울 수 있는 근육) 뿐이다. 그러나 이것은 아이의 머리가 커서 임신 9개월 후에는 태어나야만 하는 필요성과 바깥세상에서 살아남기 위해 갖추어야 할 최소한의 능력 사이에서 가장 자연적인 절충점이다. 이것이 신생아가 최소한의 자발직인 운동 능력을 갖추고 태어난 이유이다.

2장에서는 아이가 계속 성장하는 동안에 외부 임신external pregnancy에 관해 이야기했다. 어린아이가 운동 능력을 얻는 데 필요한 시간이 갓 태어난 영장류와 비슷하게 8개월에서 9개월 걸린다는 사실은 우리에게 흥미로운 일이다. 신생 영장류는 자신의 손으로 어미의 살갗을 움켜잡으며 몇 주 동안 이 자세를 유지하면서 어미와 함께 환경에서 자유롭게 움직인다. 인간의 신생아들은 비록 모든 신경 세포가 제 자리를 잡았다고 하더라도, 신경세포들이 근육에 연결하는 섬유 회로가 아직 수초myelin라고 불리는 특별한 물질에 의해 덮이지 않았기 때문에, 영장류와 같은 능력이 없다. 이 지방질의 피복물인 수초는 전기 케이블이 작동하기 위해서 절연재로 덮여 있어야 하는 것과 마찬가지로, 신경 세포에서 근육으로 이동하는 전기 자극의 전달에 손실이 생기지 않게 하는 역할을 한다.

신생아들의 생리적 상태상 그들은 스스로 머리를 들어 올릴 수 없고, 머리를 들려고 할 때는 뒤에서 지지해주어야 한다. 눈의 움직임은 처음에는 조절되지 않지만, 이것은 적절한 환경이 제공된다면 곧 조절된다. 아이들의 신경 섬유의 피복 작업은 약 1년 이내에 완성된다. 그것은 몸의 윗부분에서 시작해서 아래쪽으로 이동한다.

자발적인 운동을 습득하는 과정은 매우 빠르고, 겨우 12개월 만에 아이는 거의 조정이 안 된 상태에서 가장 어려운 조정 형태로 넘어간다. 즉 두 다리로 걷는 것이다. 이것은 매우 정교한 균형 체계를 필요로하며 오직 인간만이 이러한 기술을 성취한다. 아이들은 이것을 아주 짧은 시간 안에 해냈다. 우리가 신생아의 무력함을 관찰할 때, 아이들은 환경 조건의 많은 어려움에도 불구하고, 날마다 그들의 운동 기술을 향상시킨다는 것을 기억해야 한다.

비록 모든 아이가 그리 길지않은 시간 안에 운동의 협응력을 배우는 것이 사실일지라도, 특히 생후 1년 동안 자유로운 운동에 대한 어떠한 방해도 인격의 조화로운 발달을 해칠 수 있는 심각한 정신적 결과를 초래할 수 있다는 것을 이해해야 한다.

운동의 다양한 단계들
Different Stages of Movement

운동의 발달이 진행되는 동안, 우리는 인간이 세 가지의 다른 단계를 거치는 것을 알 수 있으며 각각의 단계는 운동을 위한 각기 다른 가능성을 가져다준다. 이 단계는 진화 과정 동안 다양한 생명체들 사이에서 분명하게 나타나는데, 예를 들면 미끄러지기slithering, 기어가기crawling, 걷기walking와 같은 것이다.

지면을 딛고 몸 전체로 공간을 이동하는 것은 전형적인 파충류다. 파충류가 다리를 가졌다 할지라도 다리가 매우 짧기 때문에 몸 전체를 지탱할 수 없고, 단지 앞으로 나아가는 데만 사용된다. 이러한 운동의 유형은 제1장에서 설명하는 두뇌의 첫 번째 타입에 해당한다.

공간에서 몸과 머리를 든 채로 움직이는 것은 네 다리로 걷는 전형적인 포유동물이다. 몸과 머리를 든 채로 움직이는 것은 그들을 매우 빨리 움직일 수 있게 하고 훨씬 더 큰 공간을 통제할 수 있게 한다. 이것은 두뇌의 두 번째 타입과 관련된 운동 형태이다.

네 다리로 움직이는 운동과 인간의 직립 자세 사이의 어딘가에, 단지 짧은 기간만 스스로 뒷다리로 몸을 일으킬 수 있는, 우월한 포유류와 영장류가 사용하는 운동의 형태가 있다. 이 위치에서 그들은 앞 발로 음식을 잡아서 입으로 가져가며 일련의 개인적, 사회적 활동을 위해 사용한다. 이것은 위쪽 발이 손으로 충분히 차별화되어 있기 때문에 가능하다. 영장류들은 자기 새끼들에 대해 어미로써 특별한 모성의 보살핌을 제공한다. 하지만, 앞발을 자세히 보면, 영장류의 손은 인간의 손과 다르다는 것을 볼 수 있는데 특히 첫 번째 두 개의 손가락 사이의 관계가 인간의 것과 상당히 다르다. 특히 건축에서부터 음악, 그림에 이르기까지 인간 문화 전반에 영향을 주고 우리의 삶을 풍요롭게 하는 모든 기술을 생성해 온 세련된 동작을 가능하게 만들었던 인간의 엄지와 검지손가락은 서로 마주 보고 있다.

인간에 이르러 뇌의 세 번째 부분이 완전히 발달하게 될 때, 직립 자세의 균형은 너무 완벽해서 이 자세로 공간에서의 빠른 운동이 가능할 수 있다. 이렇게 되면 손은 신체 균형을 이루는 기능에서 자유롭게 된다. 손의 움직임도 세련되어지며, 입과 함께 인간의 신체 모든 부분은 운동을 통제할 수 있는 신경 세포와 신경 섬유의 양을 늘려 준다. 여기서는 특히 자발적인 운동을 통제하는 누뇌 피질 영역의 거대한 부분을 입과 손에 할애하고 있기 때문에 신체의 부피에 비례하여 입과 손에 신경의 공급이 엄청나게 크다는 점이 아주 흥미롭다. 만약 우리가 이런 비율로 신체를 본다면, 우리의 삶에서 입과 손의 중요성을 보고 매우 놀랄 것이다. 우리는 거대한 입과 두 개의 거대한 손을 가진 괴물이면서, 우리 몸의 나머지는 작은 신체의 부분들로 우리가 인간이 될 수 있도록 아주 섬세하게 설계된 모양으로 보일것이다.

신생아를 다시 살펴보면, 태어났을 때 신생아의 운동 능력은 원시 파충류 수준에 있다는 것은 분명하며, 심지어 그 수준보다 약간 낮다. 왜냐하면, 신생아는 머리의 움직임을 제어할 수 없기 때문에 단지 매우 천천히 움직인다. 비록 신생아가 약간의 움직임만을 나타내더라도 이 능력은 처음부터 인정받고 도움을 받아야 한다. 그러나 안타깝게도, 아이는 일반적으로 담요로 싸이고, 자발적인 움직임을 막는 옷을 입힌 채 아기용 침대에 놓인다. 움직임의 어떠한 가능성도 관찰하지 않고 우리는 아이가 움직일 수 있는 능력이 없으며 이러한 기본적인 발달 양상에 대한 어떠한 활동적인 표현조차 시도하지 못하게 하고 있다.

이것은 가장 심각한 교육의 실수 중 하나로 그들은 신생아이고 신생아들은 어른처럼 움직일 수 없다거나, 그들은 전혀 움직일 수 없다는 잘못된 생각에서 비롯된다.

최근 수십 년간의 연구에서 영아들은 모든 면에서 비범한 능력을 지니고 있으며 이러한 능력은 특히 태아기 때에 풍부하다는 사실을 보여주고 있다. 그러나 아직 공인된 학문 분야에서는 이러한 발견을 인식하지 못하고 있으며, 산부인과 병원은 아이들을 여전히 작은 용기에 넣어 두고 옷을 입혀 그들의 운동 능력의 표현을 불가능하게 한다.

실제로 신생아와 어린아이들의 움직임은 매우 느리고 어느 정도의 일정한 공간이 필요하기 때문에 그들의 움직임을 관찰하는 것은 어렵다. 아이를 돌보았던 사람이라면 조산아조차 어느샌가 머리를 침대 끝에 대고 있는 것을 발견할 수 있다. 아이는 어떻게 거기까지 갈 수 있었을까? 천천히 그러나 확실하게, 지지하는 매트리

스에서 미끄러진다. 그리고 우리는 자주 아이를 침대의 중심으로 다시 옮겨 놓아야 함에도 불구하고 왜 우리는 아이들이 어느 정도의 운동 능력을 갖추고 있다는 사실을 명확하게 인지하지 못하고 있을까? 이러한 운동은 나중에 발달하는 것과는 다르지만 말이다. 이것은 또 다른 선입견의 표현이다. 이렇게 아이에 대한 잘못된 생각은 우리 눈앞에서 일어나고 있는 일들의 사실을 직시하지 못하고 차단해 버린다.

신생아와 생후 첫 몇 달의 어린 아이를 오랜 세월 봐온 경험을 통해, 우리는 항상 아이들의 움직임을 제약하는 옷을 벗겨 움직일 수 있는 자유와 그들 주변의 환경을 관찰할 수 있는 가능성을 부여하는 상황이 되면 아이는 울음을 멈춘다는 사실을 관찰했다. 몸을 움직이는 기쁨이 너무 커서 아이들은 한동안 음식에 대한 욕구조차 잊어버리기도 한다. 아이는 공간에서 움직일 때, 배밀이를 시도하기도 하고, 매우 주의 깊게 자신들의 활동에 집중한다. 이렇게 정신과 신체가 함께 작용하는 것을 쉽게 볼 수 있다. 아이들은 자신과 자신 주변의 세상에 대해 많은 것을 배우고 있다.

운동을 위한 환경
An Environment for Movement

신생아는 태어날 때부터 미끄러질 수 있다. 신생아들이 충분히 넓은 표면에 놓인다면, 그들은 온몸으로 매우 느리게 움직인다. 이 활동적인 동작은 시계 방향으로 이루어지며, 영아 주위에 충분한 공간이 있을 때 관찰할 수 있다. 일반적 크기의 매트리스 1개로 충분하며, 또는 바닥에 깔린 얇고 단단한 담요로 충분하다. 우리는 3주 된 아이가 한쪽에서 다른 쪽으로 완전히 회전할 수 있는 것을 보았다. 모든 전진은 항상 내적 발달(수초^{myelin sheath})과 외적 경험의 결합(운동을 만들고 반복 할 수 있는 가능성)에 의해서 이루어진 것이다.

태어날 때부터 자발적인 운동을 돕기 위해서는 일반적으로 사용되는 아이 침대보다 큰 침대와 운동을 위한 자극을 도와줄 수 있는 몇 가지 흥미 있는 물건을 제공하면 충분하다.

(사진 18) 아이에게 움직이고 관찰할 기회를 주는 이부자리

신경 섬유의 수초화 과정the process of myelinization은 매우 빠르고 눈의 근육에서부터 시작된다. 아이들은 환경에서 일어나는 일들을 훨씬 더 잘 수행할 수 있도록 한 달 안에 눈의 근육을 통제하는 법을 배운다. 이것은 매우 중요한 단계로 관찰이 자유로워졌음을 의미한다. 어른들은 이러한 발달을 인식하고, 아이에게 그들의 새로운 능력을 발휘할 수 있도록 기회를 주어야 한다.

아이를 사방이 막히거나 막대살이 있는, 시야를 제한하는 아기침대에 넣었을 경우, 자신의 능력을 사용할 수 없기 때문에 관찰할 가능성이 별로 없다. 운동을 위한 충분한 공간과 막대 살이 없어서 시야를 방해하지 않는 침대는 자발적인 운동의 발달을 돕기 위해 제일 먼저 필요한 것이다. 침대는 침실 바닥에 놓여있는 표준 크기의 매트리스(혹은 이부자리)만으로도 적당하며, 목재로 매트리스의 가장자리를 만든 바닥 침대floor bed를 제공할 수도 있다. (사진 18 참조)

미래의 부모들에게 아이의 탄생을 준비하면서 넓은 침대를 제안할 때마다, 일반적인 반대는 아이가 침대에서 떨어지기 쉽다는 것이다. 그러나 수십 년의 직접적인 경험을 통해, 처음부터 침대를 사용하는 경우에는 이런 일이 절대 일어나지 않고, 일어날 수 없다고 자신 있게 말할 수 있다. 왜냐하면 아이의 움직임이 매우 느

(사진 19) 자유롭게 움직일 수 있는 공간이 충분히 넓기 때문에 4개월 된 아이는
배밀이를 하면서 자신이 원하는 것에 도달하고 감각을 통해 그것을 경험할 수 있다

리기 때문이다. 아이는 자신의 작은 신체를 자유자재로 움직일 수 없음을 발견하
자마자 다시 침대의 중앙으로 되돌아가기 때문에 몸 전체가 침대 가장자리에 도달
하지 못한다.

우리는 결코 새끼 도마뱀이 나무에서 떨어지는 것을 본 적이 없다. 새끼 도마뱀들
은 오로지 자신들이 안전하다고 느낄 때 한 나뭇가지에서 다른 가지로 몸을 뻗어서
이동한다. 확실히 인간의 신생아는 공간에서 자기 신체의 안전에 대한 메시지를 최
소한 도마뱀만큼은 감지할 수 있다.

피부를 통해 감지되는 빈 공간에 대한 정보는 고등 두뇌 센터로 전달되어 영아에
게 즉각적인 방어 반응을 할 수 있도록 분석되고, 이해된다. 그러므로 아이들은 자
신의 몸 전체가 완전히 지지를 받는 곳에 도달할 때까지 자신의 자세를 조절한다

생후 2개월이 되면 목의 근육이 조절되고 도움 없이도 머리를 지탱할 수 있게 된
다. 만일 아이가 응시할 수 있게 되어 관찰의 자유가 허용된다면, 이 새로운 성취는

(사진 20) 자유롭게 움직일 수 있는 공간이 충분히 넓기 때문에 5개월 된 아이는 배밀이를 하면서 자신이 원하는 것에 도달하고 감각을 통해 그것을 경험할 수 있다

자신과 환경간의 관계에서 눈에 띄는 변화를 가져올 것이다. 머리를 통제할 수 있는 능력이 발달하는 것은 아이가 환경을 극복하기 위한 시작이다.

3~4개월 사이에, 아이들의 전반적인 건강 상태에 따라, 특히 손으로 쥐어 보는 경험에 따라 손을 뻗는 협응력이 나타난다. 아이들은 의도적으로 물건을 잡거나 가까이 가져오기 위하여 손을 뻗기 시작한다. 이것은 큰 도약이다. 이제 미끄러지는 능력이 발달할 수 있고 자유로운 운동을 위한 공간이 마련된다면 아이는 자신의 흥미를 자극하는 모든 물건에 도달할 수 있으며, 시각, 촉각, 미각을 통해 물건을 인식하게 된다. 사실, 삶의 첫 몇 개월 동안 모든 것은 우리 신체 말초 신경의 중요한 부분을 통한 도움으로 경험되어야 된다. (사진 19, 사진 20 참조)

아이가 손을 사용하기 시작하면, 우리는 결코 왼손 사용을 억제해서는 안 된다. 수 세기 동안 왼손은 받아들일 수 없는 잘못된 형태의 행동으로 간주하였고, 이를 수정하기 위해 큰 노력을 기울였다.

대뇌 반구의 다양한 기능에 대한 최근의 연구로부터 우리는 인구의 10%가 유전적으로 왼손잡이라는 것을 알게 되었다. 언어, 학습, 그리고 행동에 있어서 발생할 수 있는 문제를 피하려면 두뇌 조직의 이 변형은 존중되어야 한다. 하지만 불행하게도, "사회적 금기 사항에 따라 순응하라는 압력이 아이들로 하여금 오른손잡이가 되도록 강요하면서, 왼손잡이를 금기시하는 사회로 만들었다."[7]

우리가 아이에게 장난감이나 빵과 같은 무언가를 줄 때, 아이가 원하는 손으로 물건을 가져가도록 허락해야 한다. 너무 자주, 아이가 왼손을 사용할 때라도 무의식적으로 물건을 오른쪽으로 흔드는 경향이 있는데, 이는 '만약 무언가를 원한다면, 다른 손을 사용하라'라는 암묵적인 메시지로 이해될 수도 있다.

생후 5개월이 되면 아이들은 아직 작고 어린아이로 여겨지기도 하지만, 이미 주위 공간을 장악하고 능숙하게 배를 밀어 기어 다닐 수 있다. 이런 형태의 움직임은 주위 환경을 구성하는 모든 것들에서 오는 그들의 궁금증을 풀면서 즐거움과 기쁨을 느끼게 해 준다. 하지만 얼마나 많은 이 시기의 아이들이 그렇듯 발달을 위해 충족된 조건의 환경을 누릴 수 있을까?

약 5~6개월 사이에 아이는 운동 능력이 많이 향상되었기 때문에 침대 밖으로 나가려고 할 수도 있다. 아이는 먼저 뒷걸음치는 자세로 먼저 다리를 뻗고 몸의 나머지 부분을 확장한다. 이것은 발달에 있어 또 다른 중요한 도약이다. 아이는 잠에서 깨고, 어머니를 기억하고, 어머니가 보고 싶을 때마다 스스로 찾아갈 수 있는 능력이 생긴다. 이 시점에서, 아이는 더 주의를 끌기 위해 울 필요가 없다. 아이는 머릿속의 생각으로 그가 원하는 것이 무엇인지를 알고 자신의 움직이는 능력과 신체의 새로운 능력을 사용함으로써 누구에게 물어보지 않고 그것을 획득할 수 있는 능력이 발달한다. (사진 21 참조)
끊임없이 다른 사람의 도움을 구해야 하는 사람과 자신이 원하는 것을 할 수 있는 사람의 상황은 얼마나 다를 것인가!

마리아 몬테소리는 아이의 울음은 '나 스스로 할 수 있게 나를 도와주세요!'라는

---

7 T. R. Blakeslee, The Right Brain ,London: Macmillan, 1980

(사진 21) 아이는 혼자 자유롭게 탐색할 수 있다

뜻이고, 낮은 침대는 아이가 혼자서 중요한 일을 하는 것을 매우 빨리 도와줄 수 있는 좋은 수단이라고 말했다. 이렇게 중요한 목적을 위해서 이렇게 간단한 준비만으로 충분하다니 얼마나 놀라운 일인가!

우리는 다시 한번 아이의 능력에 대한 우리의 깊은 이해 부족을 깨달아야 한다. 이러한 이해 부족으로 아이들에 대한 신뢰의 부족이 시작되고, 이것이 아이들의 발달을 가로막는다. 설상가상으로 우리가 행한 잘못된 행동을 아이들을 위해, 아이들을 보살피고 보호하는 데 필요한 것이라고 정당화한다.

생후 6~7개월까지 아이는 몸통의 근육을 조절할 수 있고 앉을 수 있다. (사진 22 참조) 6~8개월 사이에 아이는 점점 배밀이에서 기어가기, 손을 사용하여 몸의 상체를 들어 올리기, 등받이를 올리기 위해 무릎과 발목을 구부리기와 같은 행동을 할 수 있다. 이러한 새로운 동작에서 우리는 몸의 아래 방향으로 진행되는 수초화 과정을 관찰할 수 있다.

8개월이 되면 아이는 기어가는 기술을 완벽하게 터득하며, 9개월이 되면 설 수 있고 주변에서 지지물의 도움을 받아 스스로 몸을 세울 수 있다.

(사진 22) 7개월이 되면 아이는 앉을 수 있다

　11~12개월 사이에, 아이는 걷기 시작한다. (사진 23 참조) 이것은 태어날 당시 머리를 지탱할 수 조차 없던 신생아에게는 놀라운 발달이며 이시기 아이는 두 발로 똑바로 서는 데 필요한 복잡한 균형을 획득하게 된다. 그러나 운동 발달의 불행한 측면은 일반적으로 아이들이 행할 수 있는 능력이 더 많아질수록 활동의 자유가 더 제한된다는 것이다. 아이들은 침대에서 의자, 유모차, 높은 의자, 플레이펜playpen8 등으로 이동한다. 아델 코스타 뇨끼Adele Costa Gnocchi는 "아이들은 자신의 발달을 억제하기 위한 조직적인 노력에 둘러싸여 있다."라고 언급한 바 있다.

　이후 몇 달이 지난 후에도 아이는 여전히 자유롭게 움직일 기회와 자신의 협응력을 향상하기 위한 행동을 할 기회를 결코 제공 받지 못한다.

---

8 (역주) 플레이펜은 한국에서는 아기 울타리 혹은 안전 울타리로 불리며 칸막이나 그물로 4면이 둘러싸여 있고 위는 열려 있다. 아기는 울타리 안에서만 이동할 수 있다.

(사진 23) 12개월이 되면 아이는 걸을 수 있다

아이에게 필요한 작은 공간을 주면, 아이는 다른 사람을 방해하지 않고 자신의 모든 시간을 보낼 수 있음을 우리는 알게 될 것이다. 이 기간의 아이들에게는 자신들의 가장 강력한 내적 욕구인 자유로운 운동 욕구를 충족시킬 수 있는 것보다 더 좋아하는 것은 아무것도 없다.

협응력의 발달에 필요한 일을 수행하면서, 아이와 그의 어머니와의 관계는 변한다. 아이들은 어른들의 노래나 대화를 들으면서, 같은 환경을 공유하면서, 다른 사람을 지켜보는 것과 같은 다양한 방식으로 사람과 함께 하는 것을 배운다. 아이들의 의사소통 방식은 더 이상 주로 피부 접촉이 아니다. 이러한 이유로 능동적으로 움직이는 능력은 적극적이고 자연적인 '분리'의 발달에 큰 도움이 된다.

여러 가지 다양한 관계 형성에 적합한 시기가 있다. 태어났을 때, 아이는 더 넓은 생활 공간을 갖게 되며 공생의 몇 주는 두 상황 사이의 전환 역할을 한다. 이 시기

이후, 외부 세계에 대한 관심과 활발한 운동의 기쁨이 발생하고 아이가 외부 세상의 물체에 도달할 수 있게 된다. 공생 기간은 아이에게 인간이 어떻게 그들이 사랑하는 사람과 함께 할 수 있는지, 그들의 품에 안기는 대신 함께 일할 수 있는지를 배울 수 있는 만족스러운 기회를 제공한다.

수유 시간과 어머니의 보살핌의 순간은 자연스럽게 친밀한 관계 형성의 시기로 남아 있지만, 차차 자유로운 운동의 시기로 교체된다. 이것들은 우리에게 건강하고 행복한 사람 사이의 관계에 대한 모델을 제공해 준다. 친밀함에서의 큰 기쁨과 사적인 일의 자유에서 오는 큰 기쁨이 그것이다. 사실 사랑하는 사람에게 계속해서 안겨 있는 것은 두 파트너가 서로 새로운 만남을 더 깊게 하는 방식으로 계속해서 성장할 기회를 놓치게 되는, 감옥과 같은 관계로 바뀔 수도 있다. 우리는 적절한 순간에 애착과 분리가 필요하다. 이러한 관계는 신생아에게 곧 개인적이고 정신적인 발달을 위해 운동 공간이 필요하다는 것을 인식하면서부터 비롯된다. 이것은 태어날 때부터 시작해야 한다. 이 공간을 제한하는 것은 이러한 정신적 신체적 단계의 성장을 제한하는 것을 의미한다.

아이에게 움직일 수 있는 공간을 제공하기로 한 결정은 부모와 아이 모두에게 중요한 의미를 지닌다. 이것은 함께 사는 사람을 점점 더 협력하게 하는 방향으로 가족의 삶이 변화되기 때문이다. 아이의 존재에 적응한 지 첫 두 달이 지나면, 부모들, 특히 어머니들은 아이가 급속히 성장하고 독립적인 길을 따라 전진하는 것을 관찰한다. 그와 동시에 어머니는 어머니 자신의 자유의 일부를 되찾을 수 있다. 만약 아이들에게 주위에 움직이는 사람을 주의 깊게 관찰할 수 있는 공간이 제공된다면, 이러한 상황은 향후에 그들 자신에게 운동을 위한 모델을 제공하는 것과 마찬가지다.

운동을 실행하기 위한 프로그램인 운동 공식the kinetic formula은 시각적으로 흡수된다. 아이들이 자신의 행동을 재현하기 전에 운동에 대한 인식을 먼저 습득해야 한다는 것을 깨닫는 것이 중요하다. 운동 공식이 명확해지면, 아이는 운동을 완벽하게 하기 위해 그의 노력을 계속할 것이며, 환경이 허용하면 운동이 성공할 때까지 계속할 것이다. 그리고 아이의 마음속에 있는 자기 생각에 반응할 때 이러한 성공은 아이에게 매우 큰 기쁨이 된다. (사진 24 참조) 이 순간부터 새로운 운동은 아이의 운동

능력의 개인적 목록의 일부가 되어 반복 사용되면서 완성될 것이다.

따라서 각 운동은 먼저 시각적 관찰을 통해 학습된 후 재현된다. 아이들은 어른들이 그들 주변에서 하는 모든 것을 모방하는 경향이 있다. 이런 모방 행위는 행동을 수동적으로 반복하는 것이 아니라 어른처럼 되고자 하는 열망에서 만들어지는 노력이다. 아이는 개인의 발달이 인간의 특성을 습득해야만 가능하다는 것을 이해하는 내적 감수성을 가지고 있는 것으로 보인다. 이러한 발달 과정에서 우리는 아이들의 자아실현을 향한 작업으로 밀어 넣으려는 생명력을 볼 수 있는데, 이것은 발달을 촉진하는 환경의 도움 없이는 이루어질 수 없다.

인간의 존재와 살아 있는 생명체에게 존재하는 자극과 발달을 위한 내적 충동은 항상 생활 속에 존재하며 특히 인간이 매우 어릴 때는 공간에서의 자유가 필요하다. 이 공간은 자발적인 운동의 기술을 습득하도록 이끄는 놀라운 수초화 과정, 관찰 및

(사진 25)
거울은 아이가
어떻게 움직이는지
보는 것을 돕는다

모방을 촉진한다. 처음의 두 가지 구성 요소인 수초화와 관찰은 영아기에 항상 일어난다. 그러나 모방은 언제나 시도될 수 있는 것은 아니다. 행동할 충분한 공간이 부족하기 때문에 운동에 대한 강한 욕구는 충족될 수 없다.

각각의 새로운 운동능력이 형성되면서 관련된 신경 세포들 사이의 연결이 증가하고 점차 분화된 신경 회로들이 발달한다. 서커스(즉 어른들이 전문화된 방법으로 움직이는 것을 관찰할 수 있는 환경의 아이들 즉 세비야^{Seville}와 이집트에서 아주 어린 아이들이 플라멩코나 벨리 댄스를 할 수 있는 환경)를 즐기며 살고 있는 아이들은 단지 그러한 운동을 하는 사람을 출생 시부터 관찰한 결과이다. 우리에게 예외적으로 보이는 것이 그 아이들에게는 환경의 일부를 구성하기 때문에 정상적이다. 아이들은 자신들이 직접 본 것을 흡수하였고 가능한 한 빨리 그것을 재현하려고 노력했다. 그리고 주위 사람에 의해 아이들의 노력은 승인되고 격려되었다.

아이들이 어른들의 동작을 보고 어른들의 말을 듣는 기회를 얻기 위해서는 어른들과 함께 사는 것이 매우 중요하다. 우리는 아이들에게 우리의 신체와 소유물을 보호하는 동시에 공간의 풍부함을 제공할 수 있다. 아이들은 집 전체를 필요로 하지 않는다. 단지, 거실이나 부엌의 한구석이라도 자유로운 공간이 필요하다.

(사진 26)
가정에 있는
가구는 운동의 기회를
제공할 수 있다

아이들이 처음 12개월 동안 자유롭게 움직일 수 있도록 돕는 가장 좋은 방법은 이미 설명한 대로 크고 낮은 침대를 제공하고, 아이의 움직임을 제한하는 어떠한 용기에도 넣어두지 않는 것이다. 그리고 아이들을 가능한 한 오랫동안 바닥에 내려 놓는 것이다. 또한 구석에는 아이들이 어떻게 동작을 움직이는지 볼 수 있도록 도와주는 거울이 있어야 한다. (사진 25, 사진 26 참조) 7개월쯤 되면 벽에 바를 고정해서 아이들이 짚고 몸을 일으켜 스스로 일어설 수 있도록 하고, 무거운 의자를 둘 수도 있다. 무거운 소파나 팔걸이 의자와 같은 평범한 가정용 가구들도 이런 목적에 도움이 될 수 있다.

물건들을 살 필요는 없더라도 자유로운 운동의 가치와 아이들이 움직일 때 자신의 몸이 자유롭다고 느끼고 그러한 공간에서 활동하게 하는 것이 얼마나 중요한지를 이해할 필요가 있다.

이러한 자유가 주어지지 않는 한 경험은 신체적 제약 중 하나이며 이것은 아이가 자신의 욕구를 성취하지 못하고 더 나아가 자기 자신의 흥미를 떨어뜨리는 정신적 부적응의 경험이 되어 주위에 있는 세상은 아이에게 발달의 장소가 아닌 감옥이 된다. 작고 사용하기 쉬운 물건을 아이를 위해 마련된 공간에 놓는다. 아이에게 제공되는 물건은 극복해야 할 어려움이 너무 커서는 안 되며, 긍정적인 결과를 얻을 수 있고, 아이는 자신이 할 수 있는 환경에서 성공할 수 있다고 느낄 수 있어야 한다. 우리가 색깔 있는 공을 주더라도, 아이가 그것을 편안하게 잡을 수 있을 만큼 작아야 한다. 생후 첫해까지 아이에게 줄 물건은 무엇이든 주의해서 선택해야 한다. 운동의 발달은 항상 '가능하다'는 느낌과 함께 '나는 그것을 할 수 있다'는 느낌을 동반해야 한다.

사실, 상한 자아가 형성되노록 설계된 신제 활동은 단순히 봄을 움직이는 행동 중 한 부분이라고 할 수 없다. 만일 아이들이 공간에서 자유롭게 앞뒤로 움직이지만, 그들이 원하는 목표에 한 번도 다다르지 못한다면, 이와 같은 행동은 결과적으로 어떤 긍정적인 결과도 얻지 못하며 그 활동은 "나는 혼자서 그것을 할 수 있다."라는 생각을 심어주지 못할 것이다.

많은 부모님과 어른들은 아이들이 운동할 공간이 필요하다는 것을 이해한다. 그러나 이 지식만으로는 충분치 않다. 운동 능력이 항상 정신에서부터 비롯되어야 하므로 인간의 통합을 촉진하고자 한다면 반드시 수행해야 할 구체적인 활동이 있어야 한다. 이 경우 그 활동은 자기만족을 가져온다. 즐거움은 활동 그 자체와 그 결과에 존재하며 내적 욕구에 따라 공간에서 자신의 신체를 움직여서 이루어 낸 것에 대한 성취에서 발생한다. 그렇다고 성취감을 위해서 아이가 계속 일을 할 수 있도록 상이나 칭찬을 해 주라는 것은 아니다.

아이가 걸을 수 있게 되면 곧 신체를 움직이도록 돕는 일로부터 손이 자유롭게 일을 해야 할 시간이 시작된다. 이러한 방식으로 손의 동작은 인격 발달에 긍정적인 결과를 가져올 수 있다. 이제 아이들은 어른의 가장 좋은 협력자가 되어야 한다. 직립 자세에서의 균형 달성은 아이들이 우리와 함께 다음과 같은 일들을 할 수 있게 한다. 옷을 입거나 음식을 준비하거나 식탁을 준비하는 것과 같은 자신과 주위를 돌보는 모든 활동, 마룻바닥 닦기, 접시 닦기, 먼지 털기 등을 수행한다 (사진 27, 사진 28 참조) 이것들은 '일상적인 삶'에 속하는 집안일이며, 정확히 말하자면 어른들이 싫어하는 일이지만 1세에서 4세 사이의 아이들은 이러한 일을 좋아하며 참여하고 싶어 한다.

(사진27) 일상생활 활동을 통해 아이는 집안일에 참여할 수 있다

마리아 몬테소리는 왜 어린아이들이 그렇게도 일상생활 일을 하고 싶어 하고 열망하는지에 관해 이야기한다. 그녀는 어른과 아이들이 이런 집안일을 통해 성취하고 싶어 하는 다른 목적에 대해서 분명하게 설명한다. 즉 "어른은 자신의 환경을 향상시키기 위해 일하지만, 아이는 자기 자신을 발달시키기 위해서이다. 아이의 일은 앞으로 되어야 할 인간을 창조하는 것으로 이루어진다."[9]

일상생활 연습 활동은 이 시기 아이들이 찾고 있는 것과 정확히 일치한다. 즉 일상적인 일들은 아이들이 사용하고 싶어 하는 근육의 힘이 필요하고, 아이들 자신과 그들이 함께 사는 사람에게 도움을 주고, 눈으로 볼 수 있는 시각적 결과로 이어질 수 있기 때문이다.

일상생활 활동은 구체적인 결과로 나타나는 보상과 만족을 제공하면서 아이들 자

---

9 M. Montessori, Il Segreto dell'Infanzia

(사진 28) 일상생활 활동을 통해 아이는 집안일에 참여할 수 있다

신의 운동 능력을 향상할 수 있는 특별한 기회가 된다. 예를 들면 아이가 옷을 입거나 음식을 준비하거나 가족 또는 공동체 구성원의 식탁을 준비하는 일 등과 같은 것에서 느낄 수 있다.

그러한 놀라운 결과를 얻기 위해서는 아이들을 위한 공간이 제공되어야 함은 물론이고 이러한 물리적 공간뿐만 아니라 무엇보다도, 우리 삶에서 아이들의 존재를 받아들이고 인식하는 마음의 자세가 준비되어야 한다. 아이가 우리와 함께 살기 시작하는 순간부터 우리는 그들의 욕구에 맞추기 위해서 우리의 삶을 조직해야만 한다. 우리는 아이들의 발달을 위해 적절한 환경을 준비해야 한다. 하지만 어른들은 항상 두 가지 심각한 오해 때문에 아이들의 적극적인 운동을 받아들이는 것을 매우 두려워한다.

첫째. 이린아이들은 자신의 움직임을 통제힐 수 없기 때문에 너무 많은 자유를 주는 것은 너무 많은 위험에 노출하는 것과 같다.

이것은 사실이 아니다. 태어날 때부터 운동의 자유가 주어진다면 아이는, 점차 공간 내에서 자세에 대해 놀라운 인식을 하게 되고 새로운 운동을 시도하는데 매우 신중하게 된다. 아이들은 계속해서 그들의 운동 능력을 시험해 본다. 여러 해 동안 우리는 그런 아이들이 위험한 방식으로 행동하는 것을 본 적이 없다. 아이들은 항상 어른의 충고를 받아들이고 지시를 따를 준비가 되어 있다. 아이와 어른은 상호 신뢰의 관계를 형성한다. 즉 아이는 우리를 신뢰하며 우리도 그들을 신뢰한다. 아이들은 발달의 기회를 주기 위해 안내하고 지도하는 우리의 바람을 잘 이해하기 때문이다.

둘째. 어린아이들은 환경을 존중할 수 없으므로 우리는 아이들의 파괴적인 행동으로부터 우리의 것을 보호해야 한다.

이것도 사실이 아니다. 그들이 운동에 더 능숙해질수록, 우리는 그들의 행동 범위를 제한하고, 의미 없는 활동들을 촉진하려는 경향이 있다. 환경에서 실제 물건 real objects을 사용할 수 있게 (사진 29 참조) 사용법을 가르쳐주는 대신, 사실적인 경험을 할 수 없는 장난감을 제공한다. 아이들은 곧 어른들이 자신들의 선한 의지, 능력, 가족이나 공동체 활동에 참여하려는 욕구를 믿지 않기 때문에 자신들과 일을 하지 않으려는 것을 알게 된다. 어른들이 아이들과 협력하기를 원하지 않는 것은 사실처럼 보인다.

이런 식으로 어른과 아이 양쪽 모두 소중한 것을 잃어버리고 있다! 아이들은 그들의 잠재력을 발달시킬 기회와 정신과 신체 사이의 필요한 통합을 이룰 기회를 잃지만, 어른들은 기꺼이 공동 협력자를 가질 수 있는 기회를 잃어버리고, 어른의 도움으로 매일 조금씩 성장하는 아이들의 모습을 볼 수 있는 기쁨을 잃게 된다.

운동의 중요성에 대해서 논의한 본 장에서는, 춤에서 사용되는 놀라운 방식, 즉 노래나 음악의 리듬에 따른 몸의 움직임을 기억해야 한다. 모든 사람은 누구나 춤을

(사진 29) 식물에 물을 주고 있는 아이

사랑하고 이러한 인간 문화의 표현은 모든 문명에서 발견된다. 아이들도 춤을 추는 것을 좋아한다. 춤추면서 몸을 리듬에 맞추고 다른 사람과 함께 있는 것을 즐기는 것이 분명하다. 이 춤에는 근육의 강력한 통제가 필요하다. 왜냐하면 춤을 출 때는 사람이 음악으로 각각의 동작을 제시간에 시작하고 끝낼 수 있어야 하고 심지어 어린아이들도 함께 참여하기 위해 모든 노력을 하기 때문이다.

오늘날 과학이 밝혀낸 것은 아이들은 태아기 생활에 기초한 자연적 리듬감을 가지고 태어난다는 것이다. 온종일 태아는 어머니 태내에서 양수에 둘러싸여 흔들리고 거기에서 일어나는 움직임을 느낀다. 또한 어머니의 심장 박동과 함께 특히 임신 첫 몇 달에는 배아 전신the whole body of the embryo을 움직이는 심장의 박동이 계속되고 있다. 따라서 태아는 태어나기도 전에 다양한 리듬에 반응하도록 자극을 받고 고무된다. 애슐리 몬터규Ashley Montagu가 쓴 것처럼 "인생의 춤은 이미 시작되었다."[10]

서구 문화에서, 아이들은 사람이 춤을 추는 것을 볼 기회가 드물다. 어른들이 춤을 출 때 아이들은 매우 관심을 가지고 그 움직임들 즉 '운동 공식kinetic formula'을 흡수

---

10 A. Montagu, Growing Young ,New York: MacGraw Hill, 1981

하면서 가능한 한 빨리 그것을 재현하려고 시도한다. 인간 공동체에서는 아이들이 언제나 춤과 음악에 커다란 기쁨과 열정으로 반응하는 것을 볼 수 있다. 춤과 음악은 힘든 순간에 평온을 되찾고 아이들의 에너지를 긍정적으로 발산한다. 아이들은 자신의 신체를 움직일 필요가 있을 때는 공격적으로 될 수 있지만 이는 다양한 이유로 인해 환경에서 발산할 수 있는 적절한 활동을 찾을 수 없기 때문이다.

아이들에게 음악은 언제나 신체 운동의 결과라는 것을 깨닫는 것도 마찬가지로 중요하다. 비록 자연적인 소리가 있다 하더라도 음악은 입과 손 그리고 팔과 같은 다양한 근육을 사용하는 인간에 의해 만들어진다는 것을 이해할 필요가 있다. 아이들은 많은 다양한 악기들이 있다는 것을 알아야 하고, 다양한 음악적인 소리를 내기 위해서 음악가들이 그들의 동작을 어떻게 조절하는지를 지켜볼 기회를 가져야만 한다. 이런 특별한 청중들에게 '콘서트를 보여주겠다'는 의지가 있을 때, 아이들에게 이런 경험을 주는 것이 가능하다! 매 순간 우리가 아이들에게 이렇게 제공한다면, 아이들의 반응은 열광적이며 박수와 환호로 음악가들의 노력에 대해 충분히 보답할 것이다.

운동과 지식
Movement and Knowledge

협응력 발달을 적절한 수초화[11]의 발생 관점과 기능적으로 분화된 정보 전달 회로를 만드는 것에서만 고려해서는 안 되며 그와 관련된 중요한 정신적 영향 측면에서도 생각해야 한다. 우리는 이미 인간에게 일어나는 모든 일이 신체적이고 정신적인 효과를 일으킨다고 강조해 왔다.

운동의 신체적 측면은 신경 섬유 주위의 피복 물질의 성장, 분화된 신경 회로의 형성, 그리고 뼈와 근육의 강화에 의해 나타난다. 이러한 목적을 위해서는 필수 지

---

11 (역주) 수초화는 신경 섬유가 수초라는 덮개에 둘러싸이는 과정으로 자극의 전달 속도를 더욱 더 빠르게 하는 현상이다. 수초는 뇌가 신체의 다른 부위와 더 효율적으로 신경충동을 교류할 수 있게 한다.

방을 함유한 좋은 음식이 필요하며 유기체에 존재하는 칼슘과 인의 사용을 통제하는 비타민 D를 제공하는 햇빛도 필요하다.

더불어 우리는 운동의 정신적 측면에 주의를 기울여야 한다. 이것은 운동 활동이 아이들에게 그들 자신과 그들이 사는 환경에 관해 제공하는 지식에 그 근거를 가진다.

운동과 지식 사이의 관계는 아이가 의도적으로 움직일 때 일어나는 일을 고려하면 쉽게 이해할 수 있다.

1. 아이는 환경으로부터 시각 또는 청각 자극을 받아들인다.

2. 아이 안에 있는 흥미를 유발하여 자극의 근원을 향한
   운동의 충동이 생긴다.

3. 자극의 근원에 도달하기 위한 운동은 근육 작업으로 행해진다.

4. 사물에 대한 경험은 그 경험 자체의 정보를 두뇌에 전달한다.

5. 새로운 자료는 정교하게 다듬어 (아이의 활동에 방해를 받지 않는
   경우) 지식이 되며, 그 지식은 정신 속에 저장되고 필요할 때마다
   사용된다.

이렇게 인간의 개인적 지식이 풍부하게 자란다. 우리는 이제 운동과 개인의 지식 관계를 생각할 것이다. 이러한 지식은 정신의 기본 정보, 기본적 개인 프로그램의 일부이다. 이 정보에는 다음이 포함된다.

1. 자신에 대한 기본적인 믿음

운동의 자유가 주어진 아이들은 그들 자신의 생각과 관심을 추구할 수 있
다고 느낀다. 물건을 보고 손을 뻗어서 쥐고 그것을 손과 입으로 탐색하는

반복되는 경험은, 우리가 무엇인가를 원할 때 움직여서 다가가고 그것을 구할 수 있다는 확신을 갖게 한다. 이것이 건강한 자아를 발달시키는 긍정적인 방법이며, 삶의 문제를 성공적으로 다룰 수 있는 인간이 되는 길이다.

아이들은 출생 2개월 후에는 외부 환경에 대한 기본적인 믿음이 발달하여야 한다. 아이들이 걷기 시작하여 이미 환경에서 자유롭게 움직이는 능력을 시험하는 데 많은 시간을 보낸 1세 경에는 스스로 자신에 대한 기본적인 믿음을 획득해야 한다. 흥미로운 사실은 인간의 방식으로 걸을 수 있다는 것은 두 다리로 자신을 지탱할 수 있다는 것을 의미한다는 점이다. 우리가 설명해 온 두 가지 종류의 기본적인 믿음은 우리에게 있어서 삶을 살아가는 데 꼭 필요한 두 개의 정신적인 다리the two psychological legs 이다. 이 다리가 강하고 튼튼하다면 인격의 지지가 굳건하기 때문에 어떤 충격에서도 살아남을 수 있다. 그러나 둘 중 하나만 있는 사람, 즉 다리가 하나뿐인 사람이라면 인생의 길을 걷는 것이 어렵거나, 느리거나, 때로는 불가능할 수도 있다.

2. 자신감

자신감은 자기 자신의 자원에 의지할 수 있는 내적 감정이며 자유로운 운동을 사용하는 환경에서 이루어진 적극적인 작업의 경험으로부터 발생한다. 그것은 문제를 해결하는 데 있어 느낀 개인적인 힘의 감각이며, 이러한 느낌은 영원히 남는다.

아이가 성장하면서 미래의 목표가 변할 것이다. 즉 기어서 색깔 있는 공과 같은 흥미 있는 물건에 가까이 가는 것부터 학교에 가서 숙제하는 것 등으로, 그러나 정신적 상태는 변함이 없다. 이미 성공을 맛 본 이 운 좋은 아이는 그들이 원하는 것은 무엇이든지 얻을 수 있다고 생각하며 만약 첫 시도가 실패하면 계속해서 노력한다. 그들의 자신감은 이미 성공을 맛보았기 때문에 그들에게 노력을 반복하도록 설득시킨다. 하지만 불안한 환경에서 자란 다른 아이들은 나중에 성장해서도 그들 자아의 자신감이 부족하기 때문에 곧 시도를 중단한다.

(사진 30) 가위로 자르기를 연습하는 18개월 아이

인생의 첫 몇 달 동안의 활동적인 운동은 자신감을 키우는 전반적인 정신과 신체의 경험을 제공하며 이것은 매우 가치 있는 도구로써 삶의 모든 도전에 대항할 수 있게 한다. 반면 아이가 자신의 활동적인 운동을 박탈당할 때마다 아이의 자아 발달 기초는 장기간 예측 불가능한 상태로 심각하게 위협 받는다. 이러한 위험에 대해 우리가 얼마나 무지하며 어린아이들의 자유로운 행동에 대한 욕구를 무심코 제지하고 있는지 알고 있는가? 그들에게 단지 음식과 고무젖꼭지 같은, 그들의 뜻과는 다른 만족감을 줌으로써 아이들의 운동 필요성을 이탈하게 하는 것이 얼마나 소모적인 일인가? 전문화된 유아용 상점에는 아이를 묶어 놓고 흔들거리는 유아용 로켓rockers for infants과 탄력 있는 줄로 만들어 아이들을 튀게 만드는 아기 의자, 그네, 보행기 그리고 아기 울타리 등이 있다. 아이들의 수동적인 운동을 위한 놀이감들은 넘쳐 난다!

이후에 걷게 되면서 아이는 우리의 일상생활에 참여하기를 원할 것이다.

(사진 31) 바느질을 연습하는 30개월 아이

만일 우리가 아이의 참여 제안을 받아들인다면 아이의 협응력과 손 사용을 완벽하게 하는 데 도움을 줄 뿐만 아니라 손으로 받아들이는 자신에 대한 다른 중요한 정보 습득에 도움을 줄 것이다.

3. 독립심과 자율성
아이들은 외부의 도움을 요청할 필요 없이 '나는 나 자신이 필요로 하는 것을 채울 수 있다.'라는 확신을 발달시키며 (사진 30, 사진 31 참조) 점점 더 자신의 모든 필요를 제공할 수 있게 된다.

4. 자아 존중감
일상생활에 참여하게 되면 적극적인 방법으로 환경의 공유자로서의 스스로가 가치 있다는 느낌을 발달시킨다. 아이들은 그들이 사는 세상의 사용자일 뿐만 아니라 생산자가 된다. 환경을 바꾸고 변화시킬 수 있는 기본적인 경험은 그 사람에게 영원히 남을 자신의 가치에 대한 생각을 제공한다. '나는 할 수 있다.'라는 생각에서 '나는 어떤 일을 할 만한 자격이 있다.'라는 느낌이 더해지고 그다음에 '나는 중요한 일을 할 수 있다.'가 된다.

5. 사회적 참여
일상생활의 실제적인 일은 사회적으로 중요한 일이다. 아이들은 환경 내에서 생활하는 데 도움을 주고 이것이 다른 사람에게도 유용할 수 있다. 아이들의 존재는 중요하고 필요해지며 이러한 경험이 아이들이 살면서 활동하는 환경에 대한 책임감을 일깨운다. 자아는 발달을 지속하고 자아실현을 위해서 적절하게 유도되고 사용되는, 성장하는 근육 능력에 의해서 강화된다.

마리아 몬테소리는 지적 능력과 손에 대해 말하면서, "… 손으로 작업을 한 아이는 더 높은 수준의 지적 수준을 갖게 된다. 손으로 작업한 사람은 누구나 더 강한 인격을 지니고 있다. 비록 초보적인 수준이지만 아이가 환경에서 행동하는 것이 허용되지 않는다면 그것은 전형적인 정신 활동으로 보이는 성격의 발달에 영향을 미치는 것이다. 지금까지 경험에 비추어 보면 그 아이가 환경의 특성 때문에 손을 사용할 수 없는 경우 인격이 매우 낮은 수준에 머물러 있고 순종하지 못한다. 또 주도적이지 못하며 슬프고 게으르다. 반면에 손으로 일을 할 수 있었던 아이는 뚜렷한 인격의 발달과 힘을 보여 준다."[12]

여전히 많은 아이가 환경에서 함께 작업할 기회를 얻지 못하고 있다. 오히려 그들이 활동적으로 행동할 수 있는 신체적 잠재력이 더 많이 발달할수록 그들은 더 제한되고 거부된다. 그들은 계속해서 움직이지 말고 아무것도 만지지 말라는 부정적인 메시지를 받는다. 결과적으로 아이들은 그것이 받아들여지지 않기 때문에 그들이 하는 모든 동작이 좋지 않다는 논리적인 결론에 도달하게 된다. 실제로, 아이들은 종종 그들이 활동적이기를 원하기 때문에 "나쁜 아이"라고 공개적으로 듣기도 한다. 어른들은 아이들의 도움이 불필요하고, 삶에 도움이 되지 않는다고 암시하면서, 아이들이 기꺼이 일하려는 의지를 인정하지 않는다. 그들은 어떤 형식으로

---

12 M. Montessori, La Mente del Bambino ,Milano: Garzanti, 1953

도 거절당한다. 그들은 어떠한 형태의 참여도 거절당하고 어떠한 사회적 가치와도 조화되지 못한다.

어떤 아이들은 쉽게 낙담하고, 우리와 함께하려는 노력을 포기하고, 작업을 하는 대신에 논다. 또 다른 아이들은 반복적인 거절과 그들의 길에 놓인 장애물을 피하고자 잘못된 모델을 만들거나 그들의 운동의 자유와 협력을 위해 열심히 싸운다. 이런 아이들은 목표를 달성하기 위해서 환경과 협력하는 대신에 대항해 싸워야 한다는 것을 알게 된다. 여기서 우리는 많은 종류의 공격적인 행동에 대한 뿌리를 찾을 수 있다. 그들에게 행동은 오직 매우 강력한 운동 즉 폭력을 통한 운동 형식을 사용하는 것으로만 가능하다고 생각하게 된다!

공격성이라는 단어는 라틴어 동사 애드-그리디ad-gredi에서 유래하며, 이는 환경과 관계를 맺기 위해 모든 생명체가 필요로 하는 움직임인 '~ 향한 움직임'을 의미한다. 부드럽고 다정한 몸짓과 공격적인 몸짓의 차이는 대체로 두 상황에서 사용되는 근육 운동의 양에 있다. 사람은 누군가에게 키스하거나 포옹을 하기 위해 혹은 악수를 하기 위해서 앞으로 향해서 움직이지만, 더 강한 자세의 접촉은 폭력적인 행동이 될 수도 있다.

그것은 물건에서도 마찬가지이다. 즉 아이들은 물건들을 알고 사용하기 위해 물건들을 향해 움직이고 싶어 한다. 만약 아이들이 움직일 때 너무 많은 힘을 사용하는 것을 배웠다면, 아이들은 물건들을 손상하고 파괴할 수 있다. 내적 충동the interior urge도 그와 똑같은 현상이다. 근육 작업은 통제되지 않고 그 결과는 개인적, 사회적 재앙이 될 수 있다. 왜냐하면 아이는 훨씬 더 강한 운동으로 반응하므로 환경이 폭력적이고 억압적인 방식으로 반응하여 이러한 패턴을 반복해서 강화하기 때문이다.

억압받는 아이들은 환경에 대한 끝없는 사투를 벌인다. 이 전투에서 모두가 불행하고 모두가 잃는다. 어른들은 인간의 발달에 도움을 주는 참여의 기쁨과 애정 어린 협력자와 함께 평화롭게 살 수 있는 기쁨을 결코 발견하지 못한다. 또한 아이들은 개인적인 안정감과 존중감을 얻을 수 없다. 아이의 자아상과 행동에 대한 이러한 특징이 지속한다면 아이는 긍정적으로 성장할 수 없다. 결국 아이들은 자신의 분열

된 모습과 어른들의 기대에만 따르는 방식으로 행동할 것이다. 이것은 우리가 예언할 수 있는 자아실현의 익숙한 현상이며, 정말로 비극이다!

아이들은 출생 시부터 자유로운 운동이 필요하다. 또한 어른들은 아이들의 연령에 따라, 그들의 활동을 수용하고 도움을 줄 필요가 있다. 이럴 경우 그 운동은 자신과 다른 사람에게 가치 있는 것이 될 수 있다. 아이의 삶에서 신체적, 정신적으로 중요한 운동이 이해받지 못할 때 아이는 환경을 적대적인 것으로 여긴다. 장애물이 있는 경우 정상적인 발달 과정을 벗어나게 한다. 수초화와 협응력은 단지 늦어질 수 있다. 그러나 만일 아이가 잘못된 방식으로 운동 능력을 사용하는 방법을 배운다면 운동의 귀중한 힘은 완전히 부정적인 도구로 변질할 수 있다.

어른들과 아이들이 일상생활에서 운동하는 방식이 얼마나 다른지를 기억한다면 우리가 아이들을 돕는 것이 더 쉬울 것이다. 14~15개월 된 아이는 열 사람을 위한 식탁을 아주 잘 만들 수 있지만 어른이 하는 것과는 그 동기와 과정이 매우 다르다. 즉 어른은 특별한 관심을 보이지 않고 가능한 한 빨리 일을 끝내는 경향이 있지만, 아이는 완전한 자기 운동의 기회로 생각한다. 이것이 아이가 식탁을 차릴 때 한 번에 하나씩, 한 개의 숟가락, 한 개의 포크, 한 개의 유리컵 등 물건을 가져오는 이유이다. 작업의 모든 즐거움은 각 물건이 올바른 자리로 놓일 수 있는 동작의 반복에 있다. 아이는 부엌과 식탁을 수없이 오가며, 함께 식사하는 순간을 위해 식탁을 준비하는 번거로운 일을 기꺼이 수행한다. 이 활동 순간마다, 그 결과는 아이 자신에게 보이고, 그 결과 자체가 아이의 노력을 보상하고 아이가 계속하도록 유도한다. 이러한 패턴의 일에 많은 시간이 걸린다는 것은 당연하고, 이것이 어른들과 아이들이 같지 않은 지점이다. 아이들은 이러한 일들을 개인의 향상과 발달을 위한 진정한 기회로 인식하기 때문에, 그것들을 수행하는 데 만족한다. 반면에 어른들은 실제 삶에서 더 많은 여유 시간을 갖기 위해, 반복적인 활동을 빠르게 처리하려고 애쓴다.

마리아 몬테소리가 준비된 환경에서 아이들을 주의 깊게 관찰하면서 알게 된 사실과 아이들의 활동 목표 간에 어떠한 차이가 있는지를 생각해 보면, 우리는 확실히 아이들이 우리를 돕고 협력하도록 허락해야 한다. 이것은 아마도 활동에 다양한 스케줄을 허용하는 것을 의미할 수도 있다. 만약 우리가 7시에 식사를 하려고 하는 경우 아이와 함께 준비하려면 6시부터 식탁을 차리기 시작해야 할 것이다. 시간이 더 걸릴 수는 있지만 부모와 어른들의 주요 관심사가 아이를 위험으로부터 밀리하고자 조용히 가만히 있게 하는 것만이 아니라면 확실히 문제가 되지 않을 것이다.

일상생활의 실제적인 과제를 통해 협응력이 향상되어 가는 동안 아이들은 행복감을 느낀다. 또 자아가 발달하고 강화되며 개인 안전과 자존감이 지속해서 향상될 수 있다. 이 중요한 메시지는 발달해 가는 인간의 형성 과정에 흡수되어 모든 미래의 활동을 유지하는 데 기여할 것이다.

'나는 할 수 있다. 나는 능력이 있다. 나는 무엇인가를 할 만한 자격이 있다. 나의 협력은 내가 함께 사는 사람에게 필요하고, 내 일은 다른 사람에게 중요하고, 나는 내 일을 통해 내 주변의 세상을 바꿀 수 있다.'

운동 시 의복의 중요성
The Importance of Clothing in Movement

운동의 발달에서 의복의 중요성은 의외로 과소 평가된다. 아이 옷을 입힐 때, 어른들의 유일한 관심사는 외부 기온에 대한 보호 및 청결에 있는 것 같다. 또한 때로는 미적 감각에 많은 주의를 기울인다.

하지만 정작 부모들은 아이의 운동 자유에 대해 별로 관심을 보이지 않는 것 같다. 아이들의 의복은 대부분 동작 활동의 걸림돌이 되고 있다. 신생아의 온몸을 긴 옷으로 덮어씌우거나, 손을 긴 소매로 완전히 감싸 버려서, 신체의 중요한 기준점을 감추어 버리는 데서 시작된다. 게다가 이것 외에도 많은 산부인과 병원에서는 신생아를 움직일 수 없게 담요로 싸매고 있으며 이것은 수 세기 동안 일반적인 관습으로 여겨졌다. 사실, 이것은 아이에게는 명백히 출산 전 상태로의 퇴보이다.

자궁에서 태아는 공간이 좁더라도 항상 신체의 일부를 움직일 수 있었다. 하지만 출생 후에 더 넓은 공간을 누릴 수 있음에도 오히려 불편한 옷과 담요에 갇혀 있어야 한다는 사실을 알게 된다면 아이에게는 얼마나 괴로운 일인가?

신생아들은 이런 제약에 맞서 자신들의 운동 자유를 얻기 위해 울기 시작하지만, 자신들의 저항에 대한 적절한 반응을 얻는 경우는 드물다. 어른들이 보이는 보통의 반응으로 아이에게 필요한 운동과는 관계없는, 심지어 도움을 주지 않는 다양한 빠는 것이 제공된다. 이것은 출생 후 첫 날부터 성장을 통제하며 자유로운 운동과 연관된 신체와 정신의 통합적인 활동에서 아이를 분리하는 파괴적인 경험의 고전적 실례 중 하나이다. 이로 인한 장기적인 결과는 빨기 만족을 지속해서 탐미하게 되는 것이다. 운동에 대한 욕구는 항상 삶에서 중요하지만 결과적으로 이 환경에서는 얻을 수 없게 되고 운동의 자유가 아닌 다른 형태의 만족감으로 대신하려는 것이다.

많은 신생아는 운동의 자유를 획득하려는 노력으로 곧 지쳐 버린다. 그들은 내면으로 후퇴하고 활동에 대한 강렬한 욕구에 반응하지 못하는 신체를 갖는 불편한 상황에서 유일한 탈출구로 잠을 청한다. 한편 몇몇 아이들은 훨씬 더 오랫동안 울며 저항을 하고, 마침내 어머니나 다른 사람의 관심을 끄는 데 성공한다. 하지만 어른들에 의해 아이들이 일으켜 세워지고 이동되는 이 움직임은 자유롭고 즐거운 운동과는 거리가 멀다. 이러한 경험은 아이들에게 자신이 움직이기를 원할 때는 누군가에게 요청해야 하고 누군가를 통해서만 가능하다는 것을 배운다. '나 스스로 그것을 할 수 있다.'는 믿음은 사라지고 어른에 대한 의존도가 강화된다.

수개월이 지나도, 아이들에게 제공되는 옷은 부적절한 방법으로 계속된다. 왜냐하면 옷이 몸의 너무 많은 부분을 덮고 있고, 너무 크고 길어서 움직임을 제한하기 때문이다. 아이들은 그러한 환경의 장애물을 극복하기 위해서는 항상 큰 노력을 해야만 한다.

모든 국가와 계절에 관계없이 아이들을 기후로부터 보호하면서 자유롭게 움직일 수 있도록 해야 한다. 예를 들어 탄력성이 있고 짧은 따뜻한 바지, 무릎은 미끄러져서 기어 다니는 데 편리해야 하고 발이 쉽게 움직일 수 있는 부드러운 양말(특히 발가락은 바닥을 누르거나 앞으로 밀고 나갈 때 중요하다)이 필요하다. 특히 아이 몸에 맞는 가벼우면서도 따뜻한 옷감은 적당하지만 최신 유행하는 의류(특히 청바지류)의 뻣뻣한 질감은 적당하지 않다.

만일 우리가 운동과 의복의 중요성을 성공적으로 이해했다면, 적절한 옷을 입힘으로써 아이의 행복을 존중하고 잘 통합된 인간의 발달에 필수적인 운동 협응력과 개인의 독립심을 기르는 데 도움을 줄 수 있을 것이다.

제10장

언어 발달
The development of language

구어의 신비
The Mystery of Spoken Language

인간의 모든 능력을 고려할 때 언어 발달은 확실히 놀라운 영역이다. 언어는 사람 사이의 뛰어난 의사소통 도구이며 내적, 외적 현실의 모든 세부 사항까지도 다른 사람과 소통하고 공유하게 해준다. 언어는 개인과 사회 발달에 중요하다. 지속적인 교류를 통해 개인이 사용하는 것과 같이 언어는 그 자체와 언어를 사용하는 모든 사람을 풍요롭게 하는 사회 속에서 사용된다.

모든 구어spoken language는 변화에 대한 큰 수용력을 가지고 있으며, 이러한 변화가 지속해서 일어나고 있음에도 불구하고 눈에 띄지 않을 수 있다. 매일 새로운 명사, 동사, 형용사와 특정 어구들이 언어를 사용하는 모든 사람의 새로운 감정, 새로운 역사의 사건, 새로운 의식 수준을 표현하며 만들어진다.

운동과 언어를 비교해 보자. 협응력 발달은 다양한 단계를 거친다. 비록 세계의 모든 아이가 다양한 인간 사회의 다양한 생활 조건에 적응하기 위해 특별한 운동 능력이 발달할 수도 있지만, 아이들 모두는 기어 다니고 네 발로 걷고 두 발로 서 있다. 하지만 언어를 생각해 보면 상황은 다르다. 비록 배우는 시간이 같을지라도 배우는 언어는 모두 다르다!

전 세계에는 수많은 구어가 존재한다. 역사를 되돌아보면, 우리는 항상 같은 상황을 발견하고, 언어의 동일한 가능성을 이용할 기회가 아주 많았다. 하지만 언어가 언제 시작되었는지? 누가 언어를 가장 먼저 사용했는지? 어떻게 수많은 언어들이 한 인간 공동체에서 다른 공동체로 전파될 수 있었는지? 이러한 모든 질문에 답하는 것은 거의 불가능하다.

사람의 후두를 통해 나오는 소리의 폭은 좁지만 무한한 조합을 만들어 낼 수 있어서 새로운 소리의 창조에는 한계가 없어 보인다. 심지어 아이들도 그들만 사용할 수 있는 사적인 언어를 만들 수 있다. 우리가 구어의 논리적 결과, 즉 소리를 기호로 논리적 변환을 하는 것을 생각해 본다면 인간 공동체만이 이런 변환을 할 수 있다는 사실이 놀랍다. 우리는 과거부터 현재까지 시간과 공간의 장벽을 초월해 가면서 의사소통을 해 왔고 이것을 보존할 수 있는 방법을 찾고 추구하는 데 놀라운 창의력을 발휘하였다.

많은 언어가 사라졌지만 우리는 여전히 그 언어로 쓰인 글들을 읽을 수 있다. 이러한 방법으로 우리는 과거의 사람과 소통하고 그들의 삶의 여러 가지 생활상에 대해 배울 수 있다. 즉 그들이 어떻게 감정을 표현했는지, 가족생활과 국가의 문제를 어떻게 조직했는지, 다양한 상황에 그들은 어떻게 대응했는지 등이다. 그들의 노력이 현재까지 이어져 오고 있기 때문에 우리는 우리의 과거를 현재의 뿌리로 바라볼 수 있으며 그에 따라 인간의 보편적인 삶과 개인의 삶에 대해 보다 나은 이해를 얻을 수 있다.

언어는 아주 많은 흥미로운 문제들을 발생시키기 때문에, 숱한 연구자들은 이 주제를 탐구하는데 전적으로 헌신해 왔다. 최근 수십 년간 언어에 관한 많은 이론이 제시되어 왔다. 그것들을 상세하게 다루는 것은 이 책의 범위를 넘어서기에 우리는 몇 가지 흥미로운 점만 검토할 것이다. 현재 과학계에서 일어나고 있는 주요한 논쟁은 이 놀랍고 신비한 인간 특성의 발현을 연구하는데 깊은 관심을 분명히 보여 주고 있다.

일반적으로 우리는 인간이 말을 배우기 훨씬 전에 마음속에 확립된 언어 습득 체계를 가지고 있다고 말할 수 있다. 보편적인 문법에 대한 완벽한 지식은 이미 아이의 두뇌에서 프로그래밍되어 있다. 또한 모든 개인은 자신만의 방식으로 언어를 사용하는데, 이는 모든 사람이 전에 한 번도 사용해 보지 못한 말을 만들어 낼 수 있다는 것을 의미한다. 이런 식으로 개인적인 의사소통의 기쁨과 독창성을 창조해 낸다.

언어는 전 인간 공동체에 의해 축적된 보물이다. 언어는 사회에 참여할 수 있도록 공동체에 소속된 모든 사람에게 주어진다. 언어의 위대함은 그것이 기계적 능력이나 말의 '반복'으로만 이루어지지 않는다는 데 있다. 즉 단어는 생각에 의해 유지되는 동시에, 생각은 우리가 다른 사람과 공유하는 언어를 사용함으로써 지속하고 증폭된다. 이것은 상호 지원과 강화의 체계이며 인간의 의식을 확대하여 더욱더 넓은 현실을 파악할 수 있게 도와준다.

마찬가지로 중요한 것은 내적 언어이다. 내적 언어는 우리가 생각에 집중하고, 그것을 검토하고, 스스로 질문을 던져 우리의 생각을 명료하게 해서 그에 대한 해답을 찾는 내적 대화에 사용된다. 우리 자신의 내부와 외부에서 오는 모든 감각 정보는 끊임없는 자료의 연속성을stream of data을 이해하고 저장하고 전달해서 조직화된 자료로 변환하는 두뇌 구조의 처리 과정 없이는 생각으로 변환될 수 없다. 내적 언어는 주의와 집중을 필요로 하므로 우리가 진정으로 다른 사람과 의사소통을 하기 위해서는 우리 자신과 대화하는 법을 배워야 한다.

불행하게도 우리는 생각과 말이 분리되어 우리의 생각과 다른 말로 표현하는 것이 가능하다. 이것은 내적인 문제를 일으켜서 우리 개개인의 정체성에 위협을 가져오는 원인이 될 수 있다. 특히 아주 어린 아이들은 그들의 마음속에서 일어나는 일이 환경에 의해 받아들여지지 않는다는 것을 깨달을 때 언어적 의사소통이 불가능하다고 느끼며 생각과 언어를 분리하는 것을 배울 수 있다. 말이 더 이상 생각에 따라 유지되지 않고 명료화되지도 못한 채 은폐되어 내적 분리가 발생하는 것이다.

언어 발달의 단계
The Stages of Language Development

언어 발달의 기원과 중요성에 관한 의견 차이가 있음에도 불구하고, 모든 연구자는 언어의 습득에 있어서 2가지 중요한 단계가 있다는 것에 동의한다.

1. 언어 전 단계는 출생 전부터 10~12개월까지 지속한다.
2. 언어 단계는 12~36개월이다.

1. 언어 전 단계 The Pre-linguistic Period

언어 발달의 첫 단계는 10~12개월 까지다. 이 단계에서 아이들이 수행하는 모든 일은 그늘 안에 숨겨져 있고, 외부에서는 거의 볼 수 없다. 우리는 이 침묵의 과정을 알기를 원한다. 아이에 관한 우리의 생각을 바꾸려면 주의 깊게 관찰해야 한다.

태아기 동안 축적된 기억의 결과로, 외부와 접촉하는 첫 순간부터 신생아는 어머니의 목소리를 알아들을 수 있고 어머니가 말을 하면 그쪽으로 고개를 돌릴 수 있다. 우리는 또한 아이들이 사람의 목소리에 특별한 관심을 보인다는 것을 알 수 있다. 아이들은 이미 언어의 민감기에 들어섰고 환경의 소리 중 인간의 목소리를 더 선호한다는 것을 알고 있다. 생후 처음 몇 주 동안, 우리는 아이 가까이 다가가 부드러운 태도로 차분하고 온화하게 말을 하면 아이가 울음을 멈춘다는 것을 알 수 있다. 사람의 목소리로 우리의 감정을 전달할 수 있으며 아이를 진정시키고 안심시킬 수 있다. 사람이 아이들의 청각 범위 안에서 이야기할 때 신생아들은 유전적으로 언어 센터의 프로그램된 반구체에서 분명한 두뇌 전도 반응a clear electro-encephalografic response을 보인다.

우리는 또한 신생아의 울음이 상황에 따라, 아이마다 다르다는 것을 알고 있다. 아이의 울음소리는 질과 양에 있어서 상당히 다양하다. 이것을 깨닫는 것이 매우 중요하다. 우리가 이러한 형태의 의사소통에 주의를 기울이면 실제적이고 적절한 언어를 발견 할 수 있기 때문이다. 소리와 리듬은 적절한 방식으로 감정과 욕구를 표현한다. 게다가 아이들은 목소리의 음성 표현에 힘과 뚜렷함을 더하기 위해 신체의 다양한 부분과 함께 움직임을 보이며 울음을 터뜨린다.

생후 2개월이 되는 아이 울음소리의 매우 흥미로운 점은 아이들이 그 전과는 다른 호흡 간격을 보인다는 것이다. 이러한 패턴의 변화는 아이들이 환경과 의사소통을 시도하려는 욕구가 있다는 것을 보여준다.

생후 첫 2개월이 지나면 아이는 자신의 목소리를 조절할 수 있는 능력을 습득한다. 이것은 후두에 있는 각 신경의 수초화가 완료된 후, 나타나는 후두의 다른 작동 모드이다. 이것은 어머니가 아이를 돌보는 동안 서로의 눈을 마주 보면서 의사소통을 할 수 있는 기회를 많이 가지면 가질수록, 또한 직접적인 관계가 있을 때 주로 형성된다.

3~4개월쯤 되면 모음이 매우 분명하게 재현되고 또한 명확하고 자발적인 즐거움으로 거의 외치는 형태의 새로운 형식이 나타난다. 아이들 가까이에 있는 사람이 이 발성 활동에 관심을 보이고 이에 반응한다면 아이는 기쁨으로 가득 차서 함께 있는 사람에게 즐거움을 줄 수 있는 대화를 시작할 것이다.

5~6개월에 이미 사용된 모음과 연결된 'm', 'n' 및 'd'와 같이 특정 자음의 소리가 분명하게 나타난다. 이 소리를 반복함으로써 'mama', 'papa' 또는 'dada'와 같은 단어가 형성된다. 자연스럽게 아이는 곧 'mama'라고 말하는 것이 어머니로부터 큰 반응을 끌어내고 그러한 반응을 끌어내는 소리를 반복하도록 장려된다는 것을 알게 된다. 아이는 발성 기관의 많은 가능성을 발견하고 아주 즐겁게 계속해서 그것들을 연습한다. 이 기간에 아이들은 잠에서 깨면 즉시 말하기 시작한다. 우리는 아이들이 큰 관심과 집중력을 가지고 발성 연습을 하는 것을 들을 수 있다. 이러한 과정을 통해 아이들은 소리 생성의 기쁨과 어머니와 소통하는 반응의 즐거움을 깨닫고 확립한다. 이것이 바로 어른들이 놀라지 않도록 아이들이 일어나서 큰 소리도 내지 않고 혼잣말을 하기 시작할 때 벌어지는 일이다.

운동의 경우와 마찬가지로 신체가 할 수 있는 모든 것을 발견하는 것은 아이에게는 엄청난 기쁨이다. 언어를 사용하면서 아이들은 입과 후두 속에 자신들의 마음대로 사용할 수 있는 소중한 악기를 가지고 있다는 것을 느끼기 시작한다.

언어 발달을 고려할 때 우리는 소리와 단어를 말하는 능력과 그 의미를 이해하는 능력과 구별해야 한다. 왜냐하면 일반적으로 말하는 능력이 이해하는 능력에 앞서지만 항상 함께 가는 것은 아니기 때문이다.

7~8개월이 되면 아이들은 자신과 함께 사는 어른들이 제안하는 다양한 요구에 대해 적절한 방식으로 반응할 수 있다. 예를 들면 '손뼉을 치세요', '인사하세요' 혹은 옷을 입을 때 '손(발)을 넣어보세요'와 같이 요구에 따라 적절한 방식으로 반응 할 수 있다. 이 시기에 아이들은 또한 '안돼!'라는 단어를 분명히 이해한다. 주위 환경이 아이에게 언어 발달에 자극을 주고 도움이 된다면 아이는 계속해서 발달할 것이며 12개월 경에 처음으로 말을 할 수 있게 된다. 이 첫 말은 가족 구성원, 음식 및 인사말과 관련된다. 이 단어는 한 개의 단어로 자신의 의사를 표현하기 때문에 한 단어 문장holophrases이라고 불리고, 이것들은 완전한 구절처럼 기능한다.

이 단어의 의미는 아이와 함께 사는 사람과 이 특별한 형태의 의사소통과 관련된 제스처, 어조 및 내용을 인식할 수 있는 사람만이 이해할 수 있다. 다른 어른들은 한 단어에 들어 있는 모든 것을 '번역하고' 설명할 수 있는 어머니와 같은 통역사가 필요할 것이다. 1세경에 아이들은 서너 개의 한 단어 문장을 사용할 수 있다.

2. 언어 단계 The Linguistic Period

12 ~36개월 사이에 일어나는 언어 기간은 2단계로 나눌 수 있다

    a.   담화기 단계 The locutory phase (12~20개월)
    b.   비 담화기 단계 The delocutory phase (20~36개월)[13]

담화기 단계에서 아이들은 많은 다른 상황에 동일한 단어를 쓰거나 똑같은 상황

---

13 (역주) 언어 구조의 기본적 형식을 보면 자모음의 조합은 음절을 만들고, 음절이 조합하여 단어를 이루며, 단어는 문장이 되고, 문장은 담화를 이룬다. 담화는 둘 이상의 말하는 사람이나 문장이 연속되어 한 가지 주제나 사건에 대하여 교환하는 언어 단위이다. 타인과 효과적으로 담화하는 능력이 아이들이 발달시켜야 할 중요한 언어 능력이다. 주고받는 의사소통 단계의 담화 단계를 지난 후 아이들에게는 자기중심적 언어, 혼자 말하기, 독백 등의 비 담화기 단계가 나타난다.

에 다른 단어를 사용하는데 이러한 현상은 아이들이 현재 일어나고 있는 일에 초점을 맞추고 싶어 하기 때문에 나타난다.

사용되는 단어 및 자음의 수가 지속해서 증가하지만 'r', 's' 또는 'z'와 같은 일부 단어는 재현하는 데 약간의 어려움이 있다. 아이들이 정확하게 발음하려면 좀 더 많은 시간이 걸린다.

이제 구절phrases은 '엄마 여기mummy here'와 같은 두 단어로 구성되기 시작하는데, 이것을 '핵심 구절'이라고 부른다. 핵심 구절에서 첫 번째 단어가 주어가 되고, 두 번째 단어는 아이가 다른 사람에게서 관심을 집중시키고자 묘사하는 전체 상황을 설명하는 말이다. 다음 단계는 세 단어로 구성된 '확장된 핵심 구절'로 발달한다.

이 시기 아이는 현재 자신과 가까운 환경에 있지 않은 사람이나 상황에 대하여 말하기 시작하며 이전에는 어른들이 요청했을 때 동작으로 반응했던 것을 이제는 말로 대답하기 시작하는 매우 중요한 도약의 시기이다. 진정한 대화는 이 단계에서 시작될 수 있다. 아이들은 특히 명사에 대한 깊은 사랑을 보여주는데 특히 어려운 명사를 선호한다. 그리고 그들의 어휘는 매일 새로운 단어로 풍부해진다.

노벨상 수상자인 죤 액셀스John Eccles경은 다음과 같이 쓰고 있다. "아이들은 단어에 대해 진정으로 굶주려 있다. 그들은 사물의 이름을 끊임없이 묻고, 혼자 있을 때도 쉬지 않고 연습한다."[14]

우리의 경험에 따르면, 14~24개월의 아이들이 15종류의 희귀하고 특별한 고양이들 이름 혹은 새, 꽃, 또는 특별한 운송 수단 등을 20×20cm 크기의 큰 카드로 배우는 것을 보아 왔다. 아이들은 유아 공동체에 도착하자마자 첫 번째 활동으로서 이 카드를 선택해서 넘치는 기쁨으로 학습 과정에 집중하였다. 따라서 무엇보다 이 시기에 아이들과 함께 있는 어른들을 훈련하는 것은 매우 중요하다. 만일 어른들이 아이에게 '사물의 이름을 익히는 데에 민감기'가 있다는 사실과 이 시기 아이들의 단어에 대한 굶주림을 적절한 방식으로 이해한다면 어른들은 아이들에게 현실을 이

---

14 Sir John Eccles and Daniel N. Robinson, The Wonder of Being Human, Boston and London: New Science Library, 1985

해하는데 정확하고, 질적인 차이를 나타낼 풍부한 언어를 제공할 수 있을 것이다.

아이들은 인간으로 성숙하기 위해 발달이 요구된다. 아이들이 직접 경험하고 표현하고 싶어 하는, 상황에 맞는 적절한 단어를 안다는 것은 아이들에게 대단한 내적 안정감을 제공하고 환경을 적절하게 통제할 수 있게 한다.

이것이 마리아 몬테소리가 '언어의 폭발'이라고 부르는 순간이다. 2세경에 아이들은 약 200개 단어를 어느 정도 정확하게 발음할 수 있게 된다. 그러나 아이들은 아직 대명사인 '나'를 사용하지 못하기 때문에 자신을 3인칭으로 말한다.

비 담화기 단계(20~36개월)에서 아이들은 언어의 또 다른 부분들을 배운다. 구절phrases은 점점 더 길어지고 복잡해진다. 아이들은 언어를 사용하고 이해함으로써 외부 세계와 자신에 대해 인상적인 것을 표현한다. 아이들은 자신들의 주변에서 일어나는 일들, 자신들의 사적인 기분이 어떤지를 표현할 수 있고, 다양한 상황을 정확하게 판단하거나 혹은 부정하고 싶은 것에 대해 '아니야'라고 말할 수 있다.

약 32~36개월 사이에 아이들의 어휘에 '나'라는 단어가 나타날 때, 개인의 정체성 발달에 매우 중요한 단계가 도래한 것이다. 이것은 인간으로서 거대한 성장의 순간이며 인간의 모든 특성을 보이는 한 개체로서 재탄생하는 순간이다. 이 사람은 이제 그의 환경에서의 위치와 역할에 대해 명확하게 이해하고 있으며, '나'라는 단어를 사용함으로써 그 자신의 정체성을 주장하고 스스로가 대체될 수 없는 유일무이한 사람으로 인정받기를 원한다. 그것은 자신을 키우고 두 다리로 걸을 수 있게 된 것처럼 엄숙하게 축하받을 가치가 있는, 아이의 정신 발달 과정을 표현하는 이정표이다. 지금까지 두 다리를 딛고 일어난 아이는 신체적 정체성을 나타낸다. 이제는 '나'라는 단어의 사용으로 내면의 정신적 정체성이 표현되기 시작한다.

언어 발달을 돕기 위해 할 수 있는 일은 무엇인가?

이 질문에 답하기 전에 우리는 모국어를 잘 사용하는 법을 배우기 위한 세 가지 기본 조건이 있음을 알아야 한다.

1. 잘 들을 수 있는 능력
2. 입과 후두와 같이 목소리 기관의 정상적인 기능
3. 환경과 의사소통하기 위한 욕구

첫 번째 요구 조건과 관련하여 가장 필요한 것은 출생 직후 아이의 청력을 검사할 필요가 있다. 왜냐하면 우선 언어란 흡수되어야 한다. 청력에 이상이 있으면 소리의 흡수가 방해되어 아이가 재생할 수 없다. 이러한 이유로 청각 장애는 항상 언어 장애를 암시하곤 한다. 부분적인 청력 상실도 언어 발달에 큰 영향을 미칠 수 있기 때문에 신생아의 청력을 검사하는 것은 모든 가정 및 유아공동체에서 꼭 필요한 일이다. 손바닥을 치거나 종을 울리거나 아이 뒤에서 이름을 부르는 것 등으로 간단한 점검을 할 수 있다. 문제가 있는 경우 부모 또는 양육자는 소아청소년과 의사에게 알려야 하며 소아청소년과 의사가 아이에게 보다 전문적이고 더 정교한 검사를 실시하도록 의뢰해야 할 것이다.

우리는 언어가 처음에 흡수되었다가 다시 재현된다는 것을 언급했다. 아이에게 제공하는 첫 번째 언어적 도움은 명확하고 정확하게 천천히 말하는 것이며 첫마디부터 너무 큰 소리로 말하지 않아야 한다. 어머니가 아이를 돌보는 동안이나 여타의 적당한 순간에 아이와 함께 동작 중인 행동을 묘사하면서 대화를 시도하는데, 이때 사용되는 어조는 말을 이해하는 사람에게 하는 것처럼 진지해야 한다. 이것을 통해 아이에게 강조할 중요 사항을 전달하고 앞으로 그들과 의사소통을 원활하게 할 수 있게 된다. 아이에게는 애정 어린 특별한 언어로 다른 음색과 단어를 사용할 수도 있지만 우리들의 일상생활에서처럼 아이에게 하는 말투와 일반적으로 하는 말투의 두 모델은 항상 동시에 존재해야 한다. 왜냐하면 아이들은 둘 다 배울 필요가 있기 때문이다.

아이들이 우리 앞에서 소리를 재생하자마자 우리는 아이들에게 반응해야 한다. 이러한 과정을 통해 언어는 다른 사람과의 의사소통의 메시지이며 주고받는 대화의 형식이라는 개념을 확립해야 한다.

아이들은 단어를 배우고 또한 실생활의 과정에서 그 단어를 들을 필요가 있다. 매일 진행되는 목욕 시간 또는 아이의 옷을 입히고 빗기는 순간에 어머니는 아이 몸의 여러 부위를 만지게 된다. 그와 동시에 아이의 신체 부위에 대한 명칭을 말할 수 있다. 또한 음식을 준비하고 식탁을 차리며 일상생활 환경의 명칭을 알려줄 수 있다. 아이에게 숟가락을 보여 주면서 '숟가락'이라는 단어를 두 세 번 반복한다. 어떤 설명도 덧붙이지 않고 단지 물건의 명칭만 말하는 것이 중요하다. 이것은 아이의 삶에 질서를 잡아 주고, 환경에 있는 모든 사람과 사물에 이름이 있다는 것을 빠르게 이해하도록 도와준다. 덧붙여, 아이들은 어른의 언어와 대화에 '노출' 되어야 한다. 만일 이와 같은 환경을 자주 접하게 되면 아이들은 점차 높은 언어 수준에 도달하게 될 것이다.

어른들이 아이들에게 말할 때는 표현에 항상 주의하면서 정확하게 말해야 하는데 아이들은 그들이 표현할 수 있는 것보다 훨씬 더 많은 것을 이해할 수 있기 때문이다. 아이들이 어떤 것을 표현하기 위해 애쓰며 이해할 수 없는 말을 할 때 그들을 보고 조롱하듯 웃어서는 안 된다. 아이들이 계속 그런 시도를 할 수 있도록 용기를 주어서 자신의 의사소통 능력에 대한 확신을 하도록 도와주어야 한다.

어른들이 아이보다 이해력이 높다고 생각하면서 아이들의 말실수를 흉내 내는 것을 피하는 것도 중요하다. 말실수는 아이들의 마음속에 바르게 발음하고 싶은 말이 있지만 음성 기관이 뚜렷하게 발음할 만큼 충분히 발달하지 않았기 때문에 나타난 현상이다. 이때 어른들이 할 수 있는 최선의 도움은 그러한 시도가 이해되었다는 것을 안심시키기 위해 그 말을 반복하는 것과 동시에 다음에는 더 쉽게 말할 수 있도록 정확하게 표현하며 다시 한번 들려주는 것이다. 기본적으로 이러한 접근은 아이의 실수를 비웃는 대신에 존중하는 자세로 아이의 노력 결과를 수용하는 것이다. 우리의 태도에 따라 4, 5세에도 여전히 '초보적인 방식'으로 말을 하는 아이가 있는가 하면 2세라도 바르고 정확하게 말하는 아이를 볼 수 있다. 이것은 언어 습득의 질에 놀라운 차이를 보여 줄 것이다.

더불어 책은 잘 선택한다면 큰 도움이 될 수 있다. 우선, 책이 현실을 얼마나 잘 반영하고 있는지 확인해야 한다. 왜냐하면 이 또래 아이들은 환경과 주변의 삶을 이해하려고 노력하기 때문에 책에는 이 현실이 진지하게 묘사되었는지 확인해 볼 필요가 있다. 이 시기 아이들은 우리가 말한 모든 것을 믿는다. 따라서 우리는 정직해야 하며 이후에 수정해야 할 잘못된 내용으로 아이의 정신을 채우지 않아야 한다. 아이들에게 제시하는 현실은 아이와 함께 사는 사람과 가족 그리고 주변 환경을 의미하고 아이들이 직접 경험하는 것 등을 포함한다. 아이들은 이와 같은 기초 위에서 시작하여 자신의 지식을 넓혀가야 한다.

그런데도 우리는 왜 아이들에게 인간처럼 의인화된 동물 그림책을 보여 주고 있는가? 왜 우리는 이 동물들이 우리처럼 옷을 입고, 침대에서 자고, 커피를 마시기 위해 소파에 앉는다는 생각을 인식시켜야만 하는가? 일상생활보다 더 놀랍고 흥미로운 것은 없음에도 우리는 이러한 현실을 평가 절하하고, 어른들 방식대로 그것을 재구성하는 것을 더 선호한다. 이것은 아이들을 혼란스럽게 할 뿐만 아니라 생활의 경이로움을 발견하고 관찰할 수 있는 그들의 능력을 왜곡시킨다.

책은 아이들이 배운 모든 것을 정확히 검증하는 역할을 해야 하며 더 많은 정보를 추가하고 사실적인 방식으로 제시함으로써 미래의 경험을 위해 아이들을 준비시켜야 한다. 환상fantasy은 아이가 현실을 경험하고 흡수한 후에, 그들이 외부에서 보는 것과 내적으로 생각하는 것을 구별할 수 있게 된 다음에 올 수 있다. 생후 3년 동안 아이들은 언어 능력을 습득하고 싶은 강한 내적 욕구를 가지고 있으며 이러한 충동은 마치 아이들이 운동 능력을 습득하고자 하는 강한 욕구처럼 진지하게 받아들여지기를 바란다.

세 번째 기본적 필수조건인 의사소통에 대한 욕구는 언어의 정서적 측면이다. 우리가 다른 사람과 감정이나 경험을 공유하고 싶다면 우리는 그들과 좋은 관계를 맺을 필요가 있다. 우울하거나 화가 날 때 우리는 대화를 줄이고 심지어는 말을 아예 하지 않는 경향이 있다. 의사소통의 거부는 자신과의 싸움을 위한 첫 번째 전략이다! 대화의 결핍이나 부족은 사람과 환경에 대한 분리를 선언하는 것이다. 반면에 우리가 최선을 다하려고 할 때는 심지어 낯선 언어라도 소통하고 참여하려는 강한 욕구가 있다.

때때로 언어를 흡수하고 그것을 완벽하게 재생할 수 있으나, 정서적인 문제 때문에 언어를 사용하지 않는 아이들이 있다. 극단적인 경우는 주변 환경으로부터 자기 자신을 격리하려는 의식적인 판단으로 말을 하지 않는 자폐아의 경우이다. 훌륭한 정서적인 환경은 언어의 최적 발달과 사용을 위한 필수 조건이다.

생후 2년은 감각 운동 지능의 시기the period of senso-motor intelligence라고 불리는데 이 기간에 아이들은 그들 자신과 세상을 알기 위해 감각과 운동을 사용하기 때문이다. 이때 아이들은 그들이 받아들인 각각의 다양한 정보에 이름을 붙이는 법을 배우며 구체the concrete에서 추상the abstract으로 전환할 수 있다. 언어는 감각 운동의 실재senso-motor reality를 기호symbols로 변환한다.

이것은 인간의 지능 발달에 있어서 놀라운 질적 도약을 의미한다. 아이는 구어를 사용하고 이후에 문자 언어를 통해서 끊임없이 증가하는 지식을 받아들이고 생산할 수 있는 도구를 가지게 된다.

우리는 생후 몇 개월도 안 된 아이들이 발성 기관을 통해서 소리를 낼 수 있다는 사실을 깨닫고 자유롭게 소리 내는 연습을 하는 것을 보아 왔다. 하지만 너무 자주, 또 너무 오랫동안 어른들은 아이의 입을 고무젖꼭지로 채워 놓기 때문에 이것이 매우 부정적인 결과를 가져오게 되었다. 아이들은 계속해서 입을 빠는 용도로 사용하도록 유도되었기 때문에 이 기관을 단지 음식을 섭취하는 용도로만 받아들이게 된다. 아이들의 입이 단지 빠는 것만을 위해 존재하는 것이 아니라는 점, 특히 입을 통해 다른 사람과 의사소통하기 위한 소리를 낼 수 있음을 의식하도록 도와줘야 한다는 사실을 잊지 않는 것이 대단히 중요하다.

입은 무언가를 빠는 개인적인 즐거움뿐만 아니라 주변과 정보를 교환하는 사회적인 즐거움을 위해 쓰이는 통로이다. 이것은 또한 물건(더미)에서 파생된 즐거움에서부터 인간과의 상호 작용으로 연결된 즐거움으로의 전환이다. 비록 아이들은 주변의 인간과 관계를 맺고 소통하기를 원했지만 우리는 그것을 격려하는 대신에 아이들의 의사소통을 제한하고 잘못된 형태의 만족을 추구하도록 유도해 왔음을 인지해야 한다.

다중 언어 학습

Learning Several Languages

　요즘 사람에게 중요한 문제는 모국어 외에 또 다른 언어에 대한 지식을 습득하는 것이다. 학부모와 교육자는 아이의 이중 또는 삼중 언어에 깊은 관심이 있다. 그러나 이 목표를 달성하기 위해서는 언제 외국어를 가르칠지를 아는 것이 중요하다. 이 문제를 해결하기 위해 우리는 두뇌 생리학에 관한 연구에서 지침을 찾을 수 있다.

　언어 전문 센터는 오른손잡이의 경우 좌뇌에, 왼손잡이의 경우 우뇌에 있다. 이러한 좌-우 기능의 분리를 '편측성lateralization'이라고 한다. 두뇌의 횡적 분화를 위한 유전적인 프로그램은 태어날 때부터 존재한다. 언어의 중추가 좌 반구에 있는 사람은 인구의 90%이다. 소수의 사람만이 우반구나 양쪽 반구에 언어 중추를 가지고 있다. 이 유전 프로그램은 신생아들이 태어날 때부터 기능하는 데 그것은 신생아들이 고개를 돌릴 때 오른쪽으로 88%, 그리고 왼쪽으로 돌리는 경우는 9%에 불과하다는 사실로 증명된다. 또한 신생아들이 언어에 기초한 소리 자극이 있을 때는 좌뇌에서, 음악이나 다른 비언어적인 소리에 기초한 자극이 있을 때는 우뇌에서 더 큰 전기적 활동을 보여 준다. 영아기에는 병리학적인 이유로 언어 센터를 다른 반구로 이동할 수 있지만 이러한 복구 메커니즘은 성인이 되었을 때는 더 이상 기능하지 않는다.

　만약 우리가 이 분야에서 아이들의 엄청난 잠재력을 키우고 싶다면 인간 두뇌의 기능적인 적성 혹은 민감기와 같이 주요한 내부의 생물학적 시계에 따라 움직여야 하며 한 명 이상의 사람이 아이와 함께 있을 때 제2외국어(혹은 제3 또는 제4…)로 말을 해야 한다. 다시 말해 이러한 외국어는 생후 첫 몇 년 내에 아이의 환경에서 사용되어야 한다.

　아이 주변에 서로 다른 언어를 사용하는 제2, 제3, 제4, 제5의 각기 다른 사람이 각각 다른 언어로 아이에게 말을 한다면 아이는 어떠한 특별한 노력 없이 모든 것을 쉽게 흡수 할 수 있을 것이다. 그렇게 하는 데에 학습상의 어떤 어려움도 없다. 왜냐하면 아이들은 매우 특별한 방법으로 작동하는 정신을 가지고 있으며 타 언어와 혼동도 하지 않고 번역할 필요가 없으며 모국어 억양에 혼란 없이, 한 언어에서 다른 언어로 옮길 수 있는 전환 메커니즘을 가지고 있기 때문이다. 그러나 이것은 생후 첫 몇 년 내에만 가능한 일이다. "생후 첫 몇 년 동안 아이는 언어를 배우는 데 천재이다."[15]

빨리 시작하면 할수록 좋다. 최근 일본에서는 신생아의 출생부터 생후 6개월까지 하루에 3번씩 영어 카세트를 들려주는 교육 과정이 개발되었다. 그 후 3, 4, 5세의 나이가 되어 이 아이들이 직접 영어 선생님과 만났을 때 그들은 다른 또래 아이들보다 훨씬 더 쉽게 외국어를 배우게 된다.[16]

이러한 현상은 생리학적 이유를 가지고 있다. 언어 중추는 생후 첫 몇 개월 동안 영어의 발음과 양식의 특성을 흡수한다. 사람이 아이들 주위 환경에서 많은 다른 언어로 말할 경우 같은 일이 일어날 수 있다.

아이의 두뇌는 출생 시 그 이전부터 이 모든 작업을 위한 준비가 되어 있다. 그 교수법은 직접적으로 말하고, 일상생활에서 아이와 노래하고 상호 작용하는 것을 포함하는 '어머니의 방법'이라고 불린다. 이것은 과학적으로 타당하다.

우리의 경험에 비추어 볼 때, 3세 이하의 아이들에게는 각기 다른 언어가 항상 같은 사람에 의해 사용되는 것이 절대적으로 중요하다. 어머니, 아버지 또는 할머니가 두 개 이상의 언어를 완벽하게 말한다면 각기 어떤 언어를 사용할 지 아이와 함께 사용할 언어를 결정하고 항상 그 언어로만 말해야 한다. 언어는 모든 신체적인 특징과 같이 한 개인의 통합적인 부분이며, 아이가 큰 불안감과 그로 인한 의사소통의 어려움(스트레스)을 일으키지 않는 한 바꾸지 않는다.

이런 과학적인 정보에 비추어 볼 때, 우리는 종종 언어를 배우기에 가장 좋은 시

---

15 W. Penfield "Conditioning the Uncommitted Cortex for Language Learning," Brain, vol. LXXXVIII

16 (역주) 이 글은 언어 발달을 위한 환경의 조기 구성에 대한 중요성을 강조한다. 빠르면 빠를수록 좋다는 의미로 신생아에게 영어 카세트 사용을 예시로 들었지만, 이 예시만을 그대로 받아들인다면 오해의 여지가 있을 것 같다. 저자의 의도는 앞서서 언급했듯이 이 시기 아이의 언어는 일상생활 속에서, 아이의 환경 내에서 자연스럽게 배워야 하는 것을 강조하고 있다. 따라서 어른들의 언어 학습법처럼 카세트의 기계음을 통해서 배우는 것이 아니라 사람과 함께 생활 하면서 직접 사람의 입모양을 관찰하고 모방하는 체험을 통해 배워야 함을 미루어 짐작할 수 있다.

기에 언어 중추에 충분한 식량을 제공하지 않고 지나가 버린다는 것을 깨닫는다. 펜필드Penfield가 여러 회의에서 반복해서 했듯이 외국어 교사는 초등 학교에 배치되어야 한다. 그 시기를 놓치면 언어 학습 메커니즘은 그들의 놀라운 흡수력과 선택적인 능력을 상실한다. 좋은 결과를 내기 위해서 교육은 과학적이어야 하며 발달 중에 존재하는 특별한 자연적인 특성을 따르고 활용해야 한다.

언어를 배울 때는 발음과 어법과 같은 언어의 모델을 습득하는 것과 풍부한 어휘력을 키우는 것을 구분해야 한다. 전자는 어렸을 때 완벽하게 일어날 수 있지만, 후자는 기본 모델을 사용하여 평생 계속될 수 있다.

다중의 언어에 대한 지식은 누구나 습득 가능하다. 그러나 사람이 언어를 완벽하게 구사하는 경우가 드문 것은 어린 시절에 언어를 흡수할 기회를 만나기 어려웠기 때문이다.

현대사회는 매우 좁아지고 사람 간의 관계는 훨씬 더 가까워졌다. 따라서 서로 간의 의사소통 및 이해가 우선순위가 되었다. 모든 사람이 여러 나라의 언어를 사용하는 것이 필수적으로 요구되면서 금세기 초 사람에게 읽고 쓰기를 가르치는 일은 필연적이다. 과학적 지식을 바탕으로 도출된 결과를 활용하여 최신의 교육 실습을 실행한다면 우리의 놀라운 두뇌는 이 기적을 매우 쉽게 수행할 수 있다.

마리아 몬테소리는 이 분야의 개척자였으며 아이의 자연 발달인 민감기를 통해서만이 인간의 잠재력을 개발하는 교육이 가능하다는 사실을 언급했다. 이 잠재력은 언어 학습에 관한 한 무한한 것이다. 하지만 우리는 아이들에게 그런 풍부함을 축적하기 위해 좋은 조건을 만들어 주기 위한 어떤 노력도 하지 않는다는 것을 인정해야 한다. 우리의 대뇌 피질은 단지 딱 한 벌의 옷만이 매달려 있는 거대한 옷장과 같다. 그 옷 또한 대단히 품질이 좋은 것도 아니다!

언어의 메커니즘과 인간의 두뇌에 관한 위대한 연구자인 펜필드Penfield는 다음과 같이 말한다. "교사와 학부모는 새로운 세대의 교육에 대한 책임을 항상 분담해야 한다. 이것은 각 아이의 두뇌를 조건화하는 것을 포함한다. 아이의 두뇌를 언제, 어떻게 조건화하는가의 문제가 인간이 위대한 성취를 이루도록 준비하기도 하고 또는 명범한 인간으로 제한시키기도 한다. 신경 생리학지만이 인간의 두뇌가 오늘날 요구되는 것보다 훨씬 더 뛰어날 수 있냐고 세안 할 수 있을 뿐이다. 아이들의 중심 기관의 변화와 성장기의 적성에 맞게 시간과 교수법을 조정하라. 그리고 나서 당신의 요구와 합리적인 기대를 두 배로 올려라"[17]

부모들을 위한 준비 과정 중에 우리는 이 흥미로운 주제에 관해 이야기하면서 즉각적인 해결책으로 외국어를 할 수 있는 사람과 일주일에 몇 번씩 만날 수 있는 3세 미만의 아이늘 그룹을 만드는 것으로 결론을 내렸다. 이렇게 하면 개인에게 주어지는 경제적 부담이 줄어들 것이고 아이들은 최소한 제2외국어에 대한 지식을 쌓아서 초등학교에 가게 될 것이다. 이러한 방법은 교육 전략을 개발하여 국가가 적용하기 전까지 어릴 때 교육 체계의 엄청난 인적 잠재력의 낭비를 진지하게 염려해서 나온 일시적 해결책이다.

우리는 이 시간이 빨리 오기를 간절히 희망한다. 더 많은 언어에 대한 지식을 바탕으로 사람 사이에 더욱 증진된 이해력은 확실히 다른 나라들과 좋은 관계를 증진하고 지구상의 평화에 크게 기여할 것이다.

---

17 W. Penfield "Conditioning the Uncommitted Cortex for Language Learning", Brain, vol. LXXXVIII

제11장

생후 3년간의 발달 위기

The developmental crises of the first three years

도입

Introduction

우리의 성장 과정에는 발달 위기developmental crises라고 불리는 특별한 순간들이 있는데 이 순간은 삶의 두 단계 사이에서 큰 변화가 일어나는 시기이다. 인간은 이러한 변화를 효과적으로 끌어내기 위해 필요한 준비를 해야 하며 이를 통해 각 개인은 발달의 길을 계속 나아갈 수 있다. 발달의 다양한 단계들은 각기 다른 능력의 획득을 요구하며 그것은 단계마다 단순한 발달이 아니라 신체적, 정신적 능력이 함께 향상된다는 것을 의미한다.

'위기crisis'라는 단어는 모호하다. 왜냐하면 일상적인 생활에서는 문제 상황에 주로 사용되기 때문이다. '위기를 겪고 있다.'는 난관에 봉착한 사람이 어떻게 대처해야 할지 모르는 가혹한 시련이라는 부정적인 의미를 담고 있다. 그러나 이것은 '판단'을 의미하는 그리스어의 본래 의미가 아니다. '위기에 처해 있다.'는 시험을 치르는 상황에 놓여 있다는 것을 암시한다. 발달 위기에서 시험에 놓이는 것은 인간화의 길에 필요한 준비의 정도가 어떻게 되어 있는가에 따라 좌우된다. 그것은 시험을 보는 것과 같이 특별한 순간이긴 하지만 준비가 잘 되어 있고 주변 환경이 유리하다면 많은 문제가 발생하지 않는다.

오랜 기간의 발달 과정에서 인간은 한 단계와 다른 단계 사이의 전환점을 지나는 여러 차례의 '위기' 시기를 겪는다. 이러한 과정은 필연적이며 이 과정을 피할 수 없다. 이전 단계에서 모든 것이 계획대로 진행되었다면, 그 사람은 어려움과 트라우마

없이 '시험'을 통과하게 되고 그 후에는 개인의 발달에 있어서 보다 앞선 단계에 도달하게 될 것이다. 시간의 경과뿐만 아니라 가능성의 범위가 증가하며 인격이 더욱 풍성해지고 보다 자신 있게 삶에 참여할 수 있게 된다.

아이의 삶이 어떻게 지속해서 변하는지 그리고 발달의 특별한 순간을 인식하는 것이 얼마나 필요한지 깨닫기 위해서 모든 부모와 성인은 아이들의 발달 위기에 대해 알고 있어야 한다. 발달 단계 사이에서 일어나는 전환은 끊임없이 변화하는 요구에 맞춰 적절한 도움을 제공하는 환경에 의해 촉진될 수 있다.

출산의 위기
The Crisis of Birth

출산은 '성숙'과 관련된 최초의 큰 시험이다. 이 기간에 임신 중 수행된 작업을 평가한다. 탯줄을 자르고 어머니의 몸에서 분리된 후 생존을 유지하려면 신생아는 몇몇 장기들이 잘 기능한다는 것을 증명해야 한다. 처음에는 호흡 기능을 수행할 수 있어야 하고, 그 후에는 음식을 먹고 소화할 수 있어야 한다. 또한 신생아는 우유 속의 무기질 부족을 보충해 주는 철분뿐만 아니라 새로운 환경의 공격에 저항할 수 있게 해주는 충분한 항체를 비축해야 한다. 우리는 더 나아가 신생아가 이전과 완전히 다른 환경에서 새로운 기능을 만들어야 할 뿐만 아니라 그것들이 실행되어야 한다는 점에 주목해야 한다. 미지근한 양수, 탯줄, 태반 같은 태아기의 어떠한 필수품도 태어난 후 아이와 함께하지 않는다. 이 모든 것을 뒤에 남겨두고, 어린아이는 새로운 환경으로 나오게 된다. 그러한 정도의 급격한 변화는 오직 죽을 때 다시 겪게 될 뿐이다. 죽은 후에는 모든 것을 버리고 빈손으로 가기 때문이다. 우리는 각각의 인간이 태어날 때 겪는 커다란 변화 이면에 숨은 긍정적 측면 역시 놓쳐서는 안 되기 때문에 이 모든 과정을 되짚어 생각해 보는 것이 도움이 될 수 있다. 출산은 성장을 이어가기에는 너무 작아진 자궁 세계로부터의 확고한 독립을 의미한다. 또한 자신의 성장에 도움이 되는 환경을 확보하기 위해 새로운 것에 직면할 필요성과 가능성을 열어 준다. 질적으로나 양적으로나 더 나은 삶을 향한 긍정적인 충동이다. 더 이상 몸에 맞지 않는 과거를 뒤로하고 전진해야만 새로운 것들이 가득한 선물에 도달할 수 있다. 이 선물을 통해 마주치는 것들은 새로운 환경에 진입하고자하는 아이를 독려하는데 큰 도움이 될 것이다.

이러한 전환과 그에 따른 적응 과정에서 아이가 혼자 남겨지는 것이 아니라는 점을 이해하는 것도 중요하다. 자연은 아이의 처지에 특별한 도움을 준다. 이 도움은 새로운 상황에 여러 가지 방식으로 적절하게 제공되겠지만 신생아를 계속 도와야 할 임무를 지닌 어머니와 주로 관계가 있다. 따뜻한 다른 사람의 몸과 아이를 위해 맞춰진 유일하고 특별한 음식의 생산은 고통스러운 출산을 긍정적인 위기로 바꿀 수 있는, 많은 문제에 대한 첫 번째 해결책이다. 여기에는 아이와 환경에 내재하는 요소들이 있다. 임신 중에는 탯줄의 도움으로 소화관이 완전히 형성되지만 출산 후에는 조정된 운동의 어려움 때문에 아이가 엄마 젖에 닿기 위해서는 도움을 받아야 한다. 어머니와 아이는 삶을 지속시키기 위해서 재결합해야만 한다. 또한, 비록 태어날 때 성취된 독립은 불완전하지만 이것은 중요한 시작이며 성과로 인정받아야 한다. 환경은 아직 아이가 할 수 없지만 성취하고자 하는 과제에 대해서 아이를 지원하고 돕는 한편 아이가 이미 할 수 있는 것을 보여 줄 수 있는 약간의 공간을 남겨 줌으로써 도움을 주어야 한다. 따라서 환경은 태아기에 자궁이 하는 역할을 대신 맡게 된다. 환경은 더 큰 가능성을 제공하며, 또 다른 환경이 필요해질 때까지 성장할 수 있는 특별한 장소를 제공한다.

출산이라는 발달 위기는 아직도 완전히 밝혀지지 않은 채 숨겨져 있다. 신생아는 시험에 합격하기 위해 철저히 준비해왔지만 필요한 모든 신체적, 정신적 도움을 받지 못하고 있다. 열심히 공부했는데 말을 하지 못하게 하고, 그 과정에도 없는 주제에 대해 질문을 하는 시험관과 마주하게 되면 무슨 일이 일어날까? 그 가련한 학생은 절박한 상황이 될 것이고 대답할 수 없는 좌절의 상황은 그가 세심하게 준비한 모든 것을 펼칠 수 없게 만들 것이다.

이것은 신생아들에게 일어나는 일로써 자신의 능력을 충분히 발휘하지 못하고 오직 환경과 연결되기를 바라는 마음을 표현한 것이다. 우리는 종종 아이들이 가지고 있는 자신의 지식을 적극적으로 표현하는 것을 어렵게 하고 그들이 지닌 능력을 과

소평가한다. 우리는 아이가 환경에 대해 갖는 애착은 같지만, 지속적인 발달을 위해서 각기 다른 방식으로 표현한다는 점을 알아야 한다.

원래 탯줄의 형태로 연결되었던 환경에 대한 애착이 이제는 공기를 빨아들이고 모유를 빠는 입을 통해 표현된다. 이것이 구강 발달 단계의 시작이며 입은 아이의 신체 내부와 외부 사이의 경계이기 때문에 그렇게 불린다. 이것은 또한 산소와 음식을 받아들이는 특별한 접촉점이 된다. 입은 생리적인 삶을 위해서 필수적이지만 또한 세계를 이해하고 정신생활을 영위하는 데 필요한 감각 정보를 받아들인다. 이것은 환경과 관련된 또 다른 방법이다. 발달은 출생 후에도 지속되며 우리의 도움이 필요한 이러한 기본적 관계없이는 불가능하다. 무엇보다 우리는 신생아가 통과해 나가야 하는 발달 위기가 얼마나 중요한지를 인식함으로써 그들의 새로운 능력을 사용할 수 있도록 도와야 한다. 신생아를 작고 무력한 인간으로 보지 말아야 한다. 그들은 비록 크기가 작지만 무한한 정신력과 많은 신체 능력을 갖춘 사람이다. 이 모든 것은 환경이 생활의 표현에 도움을 줄 때 입증될 수 있고, 마리아 몬테소리가 말하는 '베일을 벗긴 환경an unveiling environment'이 될 때만 볼 수 있다.

생명을 돕기 위해서는 사랑이 꼭 필요하다. 하지만 출산의 발달 위기를 겪고 있는 위대한 인간의 잠재력에 진정으로 대응하는 질적 도움을 주기 위해서는 아이에 대한 넘치는 사랑과 더불어 정확한 지식이 필요하다. 공생 기간의 모든 것은 적절한 시기에 실제로 필요한 것을 빠짐없이 제공해야 하므로 이 기간에 함께하는 어머니와 어른의 적절한 준비에 달려 있다. 우리는 이미 공생의 2개월동안 짧은 기간에 이루어질 수 있는 놀라운 성장에 관해 이야기했다. 즉 환경이 아이의 요구에 반응할 것이라는 기본적 신뢰감, 그리고 아이의 정신과 신체의 통합이 바로 그것이다. 이를 통해 아이가 생물학적 탄생에서 존재론적 탄생으로 이동할 수 있으며 이것은 앞으로 나아갈 도구를 가진 인간a person으로 정의된다. 이와 같은 사람은 다른 발달 위기들, 즉 자연이 이미 준비해 놓은 시험에 직면할 준비가 되어 있으며, 그들 각각은 개인적 성장을 위한 귀중한 기회를 맞이할 준비가 되어 있다.

이유식의 위기
The Crisis of Weaning

두 번째 중요한 발달의 위기는 우유가 아닌 다른 음식을 먹고 소화하는 능력과 관련된 신체적 변화를 강조하는 이유식의 시기이다. 이시기는 아이 자신과 외부 세계를 인지하는 더 높은 수준의 의식을 지닌 인간으로서의 정신적 변화를 포함한다. 이것은 아이가 자기 눈으로 세상을 바라보며 자신과 다른 물건들을 구별하고, 자신의 눈앞에 놓인 물건들을 '대상'으로써 인지하고 관찰할 수 있도록 한다.

이러한 위기와 음식 간의 연관성을 살펴보는 것은 매우 흥미로우며 여기서는 이것을 검토해 보고자 한다.

특별한 음식인 모유에 대한 요구가 사라지는 이유기는 약 8~9개월 사이이다. 이때, 아이는 어른이 먹을 수 있는 거의 모든 음식을 먹을 수 있고, 혼자서 접시에 놓인 것을 먹거나 입에 넣고 씹을 수도 있다. 먹는 방법은 어른들과 흡사한 방식으로 행해지는데 음식을 섭취하는 방법으로 빠는 시기는 사라지고 먹을 때 사람과 신체적으로 접촉해야 할 필요성도 사라진다.

이 시기인 8~9개월 아이들은 엎드려 기어 다닐 수 있는데 이것은 궁극적으로 아이가 도움이 필요하지 않고 어머니에게서 스스로 멀어질 수 있는 매우 중요한 동작의 독립을 보여준다. 물론 갈 수 있는 거리는 그리 멀지 않지만 자발적으로 "멀어져 가는"것을 나타내는 중요한 의미를 지니고 있다. 동시에 아이는 개인적인 사랑과 행복의 대상이 되는 어머니에게 원할 때마다 언제든지 돌아갈 힘을 실험하고 있다. 또한, 새로운 소화력과 운동 능력은 긍정적인 방식으로 아이가 계속해서 성장할 수 있도록 자신을 어른으로부터 분리할 수 있게 하는 데 결정적 기여를 한다. 어른들은 이러한 커다란 변화의 순간을 이해해야 한다.

아마도 정말 이해하기 어려운 것은 생후 몇 개월 동안에 일어나는 아이의 급격한 발달일 것이다. 오직 필요한 욕구로 가득 찬 완전히 의존적인 신생아로부터 이미 우리의 음식을 공유하고 공간을 통제할 수 있는 9개월 된 아이까지. 아이들의 몸은 여전히 작지만 급격히 성장하는 두뇌 덕분에 매일매일 앞으로 사용되어야 할 더 많은 기능이 발달하고 있나.

여기서 환경이 모든 책임을 떠맡게 된다. 하지만 아이가 계속해서 우유병에 든 음식을 받아서 먹는다면 치아로 음식물을 씹고 소화하는 법을 아는 것이 무슨 소용이겠는가? 만약 아이들이 아기 울타리나 다른 용기에 갇혀 있다면 공간에서 움직일 수 있는 능력이 생기는 것이 무슨 의미가 있는가?

아이의 풍부한 발달 기간은 워낙 빠르게 지나가기 때문에 많은 경우 이를 놓치고 만다. 오직 잘 준비된 어른만이 이 시기를 활용하여 적절한 형태의 도움을 줄 수 있다. 애석하게도 많은 아이들은 그들의 신체 능력보다 낮은 수준에 머물도록 강요당하고 있는데 이러한 상황은 종종 아이의 정신 상태에 여러 가지 부정적인 영향을 미친다.

우리는 생후 9개월 까지를 '외부 임신external pregnancy'이라고 부르며 처음 임신이 끝날 때와 마찬가지로 이 두 번째 탄생 동안 아이를 도와야 한다고 언급했다. 다시 한번 강조하지만 아이들은 필요한 모든 도구를 준비했다. 처음 태어났을 때 탯줄을 대체했던 어머니의 젖가슴은 이제 쓸모없게 되고 아이의 손이나 음식을 씹을 수 있는 입이 달라진 용도로 대체되어야 할 필요성이 생겼다. 생물학적 성숙의 명백한 신호가 있는데도 계속 젖을 먹도록 강요하는 것은 점점 더 큰 목표로 나아가는 인간의 발달과 지혜를 거스르는 것이다.

변하지 않는 발달의 법칙이 있다. 즉 특정한 시점에 필요하고 필수적인 것들이 나중에는 시대에 뒤떨어지게 된다. 지속하면 쓸모없을 뿐만 아니라 실제로 발달에 해가 될 수도 있다. 인생은 퇴보하지 않으며 더 진보적이고 더 발전적인 것을 향해 지적인 지지를 동반할 필요가 있다. 아이가 이제 모유를 먹지 않고 제공된 공간에서 기어 다니며 자유롭게 움직인다고 해서 어머니와의 관계가 단절된 것이 아니다. 어쩌면 이와 같은 행동은 몇 년이고 모유 수유가 필요하다고 주장하는 사람에게는 두려움을 줄 수도 있다. 그러나 이러한 관계는 서로 다른 방식으로 진화되어 가는 것이며, 마치 원격 수신기tele-receptors와 같은 형태다. 즉 직접적인 접촉은 줄이고 멀리 떨어진 곳에서 서로에 대한 정보를 얻는 시각과 청각과 같은 기관으로 감지한다. 어머니와 아이는 같은 공간에서 활동하지만, 각자가 자신의 활동을 하면서 행복하게 지낼 수 있다. 다시 어머니가 아이를 돌봐야 하는 직접적인 접촉이 필요한 순간에는 얼굴을 맞대고 서로를 포옹하며 친밀감 속에서 더 큰 기쁨을 함께한다.

'홀로 그리고 함께'라는 역동성은 계속되고 사적인 활동을 위한 공간이 증가한다. 왜냐하면 아이는 성숙했고 개인 발달을 계속하기 위해 그의 새로운 능력을 활용할 수 있어야 하기 때문이다.

8~9개월이 되면 아이들은 자신의 환경에 들어오는 낯선 사람에 대해서 특유의 반응을 보인다. "낯선 사람에 대한 불안stranger anxiety"이라고 불리는 이러한 행동은 눈에 띄는 두려움을 나타내고 심지어는 울면서 불안함을 떨쳐 버리기 위해 어머니를 찾는 것으로 특징 지어진다. 이것을 이 시기에 도달한 모든 아이가 느끼는 타인에 대한 두려움의 결과로 부정적으로 해석하기보다는 자신을 둘러싼 더 나은 자의식이 생긴 긍정적인 신호로 받아들여야 한다. 아이가 어머니와 주변 환경으로부터 자신을 명확하게 구별할 수 있게 된 결과이다. 실제로 아이들은 낯선 어른이 너무 가까이 다가와 자신들을 데려가거나 안아 줄 때 이런 두려움을 보인다. 어떤 사람이 낯선 사람의 그러한 행동을 받아들이겠는가? 모든 생명체는 그의 서식지에서 안전함을 느낄 필요가 있다. 그곳은 생활에 있어서 폭력적으로 침범하는 것이 허가되지 않는 최소한의 개인 보안 공간이다. 만약 다른 사람의 집에 들어가고 싶다면 문을 두드려 보고 문이 열리기를 기다려야 한다. 그렇지 않으면 이 방문은 불법이 된다!

우리의 오랜 경험으로 볼 때 어른들이 그의 거리를 유지하며 조심스럽게 말을 건네는 분별력이 있다면 이 연령의 아이들이 그 낯선 사람에 대해서 두려움을 나타내는 것을 본 적이 없다. 아이에게는 아주 세심하고 주의 깊게 그 사람을 관찰할 기회와 행동의 방향을 결정할 기회를 주어야 한다. 만약 아이의 판단으로 어른이 받아들여진다면 아이는 미소를 지을 것이고 그때쯤 되면 어른은 좀 더 가까이 다가갈 수 있을 것이다. 어떤 경우에도 어른들은 아이가 스스로 먼저 접촉을 하기 전에 아이를 손으로 만지려 해서는 안 되며 이 순간은 아이가 다른 사람과 접촉하기를 원한다는 것을 분명히 보여 줄 때만 가능하다.

이러한 과정이 그렇게 이상한가? 9개월 된 아이들은 분명한 자아를 가진 개체들이나. 아이들은 그들 사신의 개인적인 공산 즉 그들의 몸이 차시하고 있는 공간을 통제할 기본적인 필요성을 배려하지 않고 들었다 놓았다 하는 물건으로 취급되는 것을 용납하지 않는다. 아이들은 다른 사람과 관계를 맺고 접촉하는 것을 좋아하지만 이러한 관계를 위해서는 그들의 동의가 필요하다. 아이들은 자신들의 명백한 허락을 받지 않고는 누구도 자신을 만질 수 없으며 가까이 올 수도 없다고 생각한다. 아이들의 두려움과 울음은 자신들보다 강한 사람이 아이들의 무력함을 이용하여 그들의 존재를 너무나 성급하게 드러내고, 아이들 자신은 이런 상황을 이용하는 강한 사람의 지배를 받고 있다는 끔찍한 느낌을 받는 것에서 비롯된다.

이렇듯 아이의 두려움 반응은 사교성 부족에 기인하는 것이 아니다. 아이들은 항상 뭔가 새로운 것을 제시하는 사람에게 흥미를 갖고 그들과 관계를 맺거나 지식을 얻는 데 관심이 많다. 따라서 아이가 보이는 두려움의 반응은 우리의 잘못된 행동의 결과이다. 아이는 이미 자신과 세상의 경계에 대해 매우 분명한 의식을 가질 만큼 발달했으며 자신들이 존중받을 수 있도록 자신을 효율적으로 통제하고 싶어 한다. 이것은 '자신과 세계에 대한 정확한 인식의 위기'라 부르는 것이 더 나을 수 있다. 우리는 이 시기의 아이들이 그들 주변에서 일어나는 일들에 대해 얼마나 많이 이해하고 있는지에 대해서도 많은 주의를 기울여야 한다. 즉 어른들의 행동에 대한 의미, 시간의 경과(일반적으로 아이들은 주변에서 부모님이나 형제자매가 집에 돌아올 때 현관 문을 보고 있을 것이다)나 언어와 같은 것이다. 이 시기는 좀 더 진전된 상태의 발달 단계로 보이지만 인간에게 매우 중요한 신체적, 정신적인 발달의 순간이다.

신생아가 그 누구의 도움 없이도 호흡할 수 있을 때 행복해했던 것처럼 이제 아이는 모유 없이도 살 수 있고 단 몇 걸음이지만 어머니에게서 멀리 떨어질 수 있다는 사실에 기뻐한다. 이 약간의 분리를 받아들인다는 것은 점차 자신이 형성되고 평등 사회에서 유일하고 특별한 개체라는 자각을 이루기 위해 인간이 걸어야 하는 길을 받아들인다는 것을 의미한다. 하지만 어른의 도움은 여전히 필수적이며 삶의 새로운 요구 조건에 맞춰야 한다. 즉 어른이 먹는 음식을 소화할 수 있는 능력, 공간에서 자유롭게 움직일 수 있는 운동 능력, 자아와 환경 사이의 명확한 차별화를 가능하게 하는 자아의식 등 아이의 제2의 탄생에 필요한 모든 새로운 요구 조건들을 준비했는지에 대해 확인이 필요하다.

또한 이 위기는 개인 진화에 있어서 중대하고 긍정적인 순간이다. 우리는 아이에게 어머니와의 관계를 변화시키기 위해 음식을 바꾸어야 하고 제한적이지만 안전한 공간에서 이동의 자유를 제공해야 한다. 그래서 아이가 스스로 무언가를 시도하는 실험을 할 수 있게 해야 한다.

이 자율적인 일은 남은 삶 동안 간직할 긍정적인 자아상을 구축하는 데 도움을 준다. 어머니와 아이를 돕는 모든 어른은 신체 형성을 위한 재료로써 음식을 제공할 뿐아니라 인격의 정신적 특성을 형성하는 재료로 음식을 제공해야 한다.

외부 임신 말기에 아이는 환경과 자신에 대한 기본적인 신뢰의 발달을 필요로 한다. 이것은 아이에게 기쁨과 안전을 제공함으로써 자기 자신의 개인적 차별화 또한 충분히 생길 수 있게 한다. 다른 사람과 함께 편안함을 느끼기 위해서는 먼저 자신의 내면이 편안해져야 한다. 사회생활의 즐거움은 자기 집으로 귀가 하는 것과 같아야 한다. 가는 것과 돌아오는 것, 두 가지 상황이 동시에 중요하고 서로를 풍부하게 한다. 따라서 즐거운 사회생활을 위해서 인간은 자신의 자아를 확고히 해야 하며 이러한 안정감은 이유식 때 얻어진다. 즉 아이가 자신의 경계를 완벽하게 인식하고 그것을 통제할 수 있다고 느낄 때이다.

인간의 미래를 위해 그렇게 중요한 안정감의 획득이 9개월이라는 짧은 기간 안에 일어날 수 있고, 음식을 제공하는 방법과 제한된 활동의 자유를 제공하는 것과 같은 단순한 것들에 의해 촉발될 수 있다는 사실이 믿기 어려울 것이다. 이와 같이 우리의 생명은 미약한 수단으로 놀라운 행위를 수행하고 있다는 것을 끊임없이 발견한다. 우리는 거대한 나무가 작은 씨앗과 약간의 물, 흙 그리고 태양에서부터 자라난다는 것을 절대 잊지 않는다. 이와 같은 생명의 원동력은 모든 생명체의 발달 작용 특히 인간의 발달 과정의 관점에서 볼 때 끊임없는 경이로움의 원천이다.

이러한 경이로운 현상에 우리가 눈을 뜨게 된다면 아이들이 태어나는 첫 단계에서부터 적절한 종류의 도움을 줄 수 있다. 이유기에 우리는 먹고 운동하면서 자연스럽게 일어날 수 있는 분리의 경험을 촉진할 준비를 해야 한다. 부모나 어른에게서 멀어진 후에 이 시기의 아이들은 종종 그들에게 다시 돌아온다. 아마도 가까운 접촉 즉 포옹하기 위해서 그러는지 모르지만 오래 머물러 있지는 않는다. 아이들은 안심하자마자, 운동에 대한 강한 내적 충동에 대한 응답으로 탐험을 다시 시작하고 싶어 한다. 이 패턴은 받아들여져야 하고 어른들은 아이의 요청에 즉각 대응하기 위해서 자신이 하던 활동을 중단할 준비가 되어 있어야 한다. 왜냐하면 어린아이들은 시간 개념이 없기 때문이다.

"5분만 기다려, 그리고 안아 줄게."라고 말하는 것은 접근을 거부하는 것과 같다. 왜냐하면 접촉에 대한 필요성이 그 순간에만 한정되고 이 단계에서는 약속으로만 만족하지 않기 때문이다. 나중에 아이와 더 많은 시간을 보내려고 하지만 이것은 필요한 때에 거절한 보상이 되지 않는다. 대신에 어른이 하는 일을 멈추고 아이에게 반응을 보이면 만족한 아이는 곧 떠나 달라고 부탁할 것이다. 이 상호 작용은 매우 성가시게 보일 수 있고 어른이 아이의 노예가 된 것처럼 보일 수도 있지만 그것은 아이가 마침내 두 가지 상황을 정확하게 처리할 수 있을 때까지 애착과 분리를 끊임없이 확인해 보고 싶어 하는 단계의 특징을 나타내는 것이다.

어른들은 아이를 위한 이러한 상호 작용이 더 큰 자율성의 획득을 목표로 하는 일시적인 시기에 국한된다는 점을 이해할 지혜가 필요하다. 아이들이 걷기 시작하고 2~3개월 후에 아이들은 어른들과 함께 나란히 일을 시작할 수 있다. 환경에 대한 새로운 형태의 애착은 이제 협력을 통해 달성된다.

자주 일어나는 또 다른 실수는 성장하여 더 이상 필요하지 않은 모유를 제공하면서 부모 자신이 없어서는 안 될 사람으로, 또는 매달릴 수 있는 지지자로서 아이를 필요 이상으로 오랫동안 부모들 곁에 두는 것이다. 이것은 아이가 몸을 자유롭게 움직이는 기쁨을 느낄 기회를 주지 않는 것이다. 모든 변화에는 이상적인 시간이 있기 때문에 아이를 더 이상 그의 실제 능력에 해당하지 않는 의존 상태에 머물게 하지 않아야 한다. 만일 우리가 그렇게 한다면, 개인의 발달은 방해를 받을 것이고 수개월 동안 아이는 자신의 나이에 적합한 정신적 구조를 발달시키지 못한 채 지나칠 것이다.

우리는 여전히 아이와 접촉을 유지할 준비를 해야 하지만 이것을 지원하는 형태는 바뀌어야 한다. 이러한 주의점들이 지켜질 때 우리는 아이의 발달에 진정한 도움을 줄 수 있다.

반항의 위기
The Crisis of Opposition

세 번째 발달 위기는 생후 30~36개월 사이에 발생하여 인격 형성에 있어 기본적 발달 시기를 마무리한다. 이것은 반항의 위기the crisis of opposition라고 불리지만 이 표현은 부정확하다. 왜냐하면 이 용어가 실제로는 긍정적인 시기를 부정의 뜻이 함축된 의미로 표현하기 때문이다. 이 시기는 아이가 독립과 인간화를 향한 길에서 또 다른 큰 도약을 이룩했다는 것을 보여준다.

약 3세가 되면 아이들은 말을 아주 잘할 수 있고 자신을 대명사 '나'로 지칭할 수 있다. 아이들은 완벽하게 움직일 수 있고 달릴 수도 있으며 그들의 세계에 대한 정확한 인식이 가능하다. 아이들은 이제 인간의 뚜렷한 특징을 가지고 있고 자신이 성장했음을 완벽하게 의식한다.

이제 아이들은 어른으로부터 인정받기를 기대하고 또한 요구한다. 아이들은 어른들이 예상하는 것과는 매우 다른 방식으로 반응할 수 있고 그들에게 제시된 거의 모든 것에 대해 '아니야'라고 답하며 거부하는 반항의 위기가 시작된다. 이러한 변화는 일반적으로 갑자기 표출되며 많은 부모를 놀라게 할 수 있다. 부모들은 평소와 다름없이 아이는 미숙해서 시키는 대로 할 수밖에 없다는 것을 강조하면서 설명하려 하지만 어른의 방식은 더 이상 통하지 않는다. 이 단계에서 아이는 자신의 자아가 존중되기를 바라며 자신과 관계되는 일을 결정할 때 협조받기를 바란다. 이 결정들은 간단한 것이며 즉 먹는 것, 입는 것 등과 같은 일상생활과 항상 관련이 있고 이러한 작은 행동들은 주변 환경과 아이의 관계 속에 산재해 있는 것이다.

처음부터 우리가 아이의 가능성을 믿고 아이와 함께 생활을 위한 올바른 활동을 수행하고, 아이와 힘께 우리의 협력을 증진하려고 노력했다면 반항의 위기가 잘 발생하지 않을 수 있다. 아이는 이것을 애써 의식하지 않으며 단지 자신의 자아가 요구하는 것을 따를 뿐이다. 예를 들어 우리가 아이와 함께 외출하기 위해 옷을 입어야 한다면 우리는 사랑과 존중으로 아이에게 다가가 외투를 가져올 것을 요청해야 한다. 옷장은 접근할 수 있는 높이로 외투가 아이의 손에 잘 닿도록 걸려 있다. 이것은 무엇을 할 것인지 설명하지 않고 무작정 어른이 아이 옷을 가져오거나 혹은 아이에게 억지로 옷을 입히는 것보다 낫다. 3세 정도의 아이는 이런 행동에 대해 반항을 일으키기 시작한다. 때로는 어른들이 아이의 반항을 끝내기 위해 말이나 신체적 폭력을 사용하여 아이를 굴복시키려 하지만 그럴 경우 아이는 자신이 의사 결정을 할 수 있는 사람이며 자신의 의견을 존중하는 환경에서 살아갈 수 있는 사람으로 인식될 소중한 기회를 잃어버리는 것이다. 아이의 자아를 위한 진정한 메시지는 '너는 여기서 중요하며 우리가 하는 일들은 너의 동의가 필요하다. 너는 중요하기 때문에 이 일에 참여할 수 있다.'이다. 이 시점에서 나는 어른이 무엇을 해야 할 지 결정하는 것을 무조건 아이들에게 맡겨야 한다는 것을 제안하는 것이 아님을 강조하고 싶다. 이러한 시도는 어른들이 아이에게 단순히 명령을 내리는 것을 피하고 가능하다면 두 가지 대안을 제시하면서 아이에게 선택할 기회를 주는 것이다. '외투를 입고 싶니? 혹은 비옷을 입고 싶니?'라고 말할 수 있다. 설령 어른들이 선호가 있더라도 아이들이 직접 고른 옷을 입고 외출하는 것을 받아들일 준비가 되어 있어야 한다.

이 시기에 정말로 중요한 것은 가정에서 아이의 존재 중요성을 아이가 확인하게끔 돕는 것이다. 아이가 이것을 분명히 느끼게 되면 '아니야'라고 말하지 않고 어른과 함께 계속해서 평화롭게 협력할 것이다. 진정한 협력은 압박감을 느끼지 않고 자유롭게 기여할 수 있는 사람에게서 나온다. 선택하기는 우리가 자유롭다고 느낄 때만 가능하다.

반항의 시기가 오기 전에 어른들은 아이들에게 말을 건넬 때 전혀 다른 방식을 선택해야 한다. 이것은 아이들이 작다고 해서 갖게 되는 아이들에 대한 편견을 극복해야만 가능하다. 사실 아무리 말을 해도 지나치지 않지만, 아이들이 작은 것은 그들의 몸이지 그들의 정신이나 그들이 할 수 있는 능력이 아니다. 아이들의 능력은 주위 환경에 의해 좌우되지 않는다. 우리는 아이들의 운동이나 언어 능력과 일치하지 않는 절대적 종속 상태에 이 놀라운 능력의 아이들을 방치해 둔다. 일상생활 속에는 아이들의 사고력을 키워줄 많은 기회들이 있다. 만일 아이들에게 무슨 일이 일어나고 있는지를 이야기 해주고, 생각하게 하고, 선택하게 한다면 진지하게 생각하는 아이들의 사고력을 키워줄 수 있다. 다음은 모든 인간이 자유인으로서 자신이 원하는 것을 생각하고 느껴서 바르게 의사 결정하는 능력을 연습하는 예시이다.

'비스킷을 먹을까 아니면 빵과 꿀을 먹을까?'
'감자 혹은 당근 중에 어느 것을 요리할까?'
'녹색이나 흰색 중 어느 식탁보를 사용할까?'
'동물원 혹은 인형극 중에 무엇을 보러 갈까?'

우리가 가능한 한 두 가지 대안을 제공한다면 무모한 위험 요소도 일어나지 않을 것이며 아이는 그중에서 선택할 수 있고 어른들이 자신의 판단을 존중한다는 것을 인지하기 때문에 아이는 많은 것을 얻는다. 이것은 올바른 의미에서 자아를 위한 최고의 음식이며 아이를 더욱더 강하게 만든다. 이러한 방식의 목표는 존중받는 사람을 만들어 내고 따라서 다른 사람과 환경을 존중하고 책임을 공유하는 사람을 만들어 내는 것이다. '비스킷'과 '빵과 꿀' 그리고, 훨씬 후에 태양 에너지와 핵에너지 사이에서 결정하는 정신적 체계에는 차이가 없다. 이러한 의사 결정은 둘 중에 어느 것이든 선택하도록 요청받았을 때 그 결정의 결과를 생각하는 데 익숙해진 사람만이 결정을 잘 할 수 있음을 의미한다.

우리의 유아 공동체에서는 아이들이 민주적인 권력 행사에 익숙해지도록 가능한 한 모든 것에 아이들의 의견과 결정을 반영하기 위해 특별한 노력을 한다. 그렇다고 이것이 아이들이 원하는 것을 언제든 들어주라는 것이 아니며 실제 상황(예를 들면 교실에는 단지 비스킷이나 빵과 꿀 2가지만 있고 다른 것은 없다.)에서 선택할 수 있게 한다. 만일 아이가 교실에 준비되지 않은 것을 요구할 경우 '우리는 지금은 가지고 있지 않다.'고 간단하게 말할 수 있다. '그러나 함께 밖에 나가면 다시 말해줘. 그때 구할 수 있다.'라고 덧붙인다면 이 접근 방법은 아이를 존중하고 배려하고 협력하는 세 가지 요소가 결합하는 것으로 위기에 대한 적절한 응답이며 이것은 '자아

인식의 위기'라고 칭하는 것이 더 바람직할 수 있는 '반항의 위기'에 대한 타당하고 적절한 대응 방법이다. 이 시기에 이이기 언령, 지혜 및 개인적 성숙도에 따라 계속 성장하고 있다는 것을 생각한다면, 확실히 더 높은 단계로의 발달 순간이기 때문에 부모를 행복하게 만들어 주는 시기이기도 하다.

3세가 되면 아이는 점차 평등한 관계를 구축할 수 있는 놀라운 인간이 된다. 읽기를 배우고 다른 문화적 능력을 습득하는 것과 같은 새롭고 중요한 정신적 정복으로 향하는 길이 시작될 수 있다. 일상생활에 참여하고 공유하는 것은 아이의 운동 능력을 완성하고 자신이 인정받고 있다는 사실을 통해 자신에 대한 확신이 생긴다. 아이의 반항이 갖는 진정한 의미를 이해하지 못한 환경에서는 끝없는 투쟁으로 에너지가 소모되는 반면 자신에 대한 확신이 생긴 아이는 엄청난 정신적 에너지를 계속 배우는 데 쏟을 수 있게 한다. 그럼에도 불구하고 선택을 할 수 있는 아이들을 신뢰하면서 민주적인 체계로 선택할 수 있는 가족 내 관계의 유형을 놓고 논쟁이 벌어지곤 한다.

인간의 삶은 항상 갈등의 연속이고 자신을 주장하려면 언제나 다른 사람을 반대해야 한다는 것을 아이들에게 주지시키는 것은 인류의 미래에도 매우 위험하다. 아이들에게 개인에 대한 존중과 함께 살고 있는 모든 사람이 의견을 표현하고 결정을 내릴 수 있는, 다른 사람과의 관계에 대한 모델을 제공하는 것은 우리의 책임이고 곧 인류의 미래이다. 이 모든 것은 태어날 때부터 아주 일찍 시작된다. 세 살이 되면, 아이 안에서 발달하고 있는 인간의 모델이 완성된다. 아이는 자유와 존중을 원하고 우리는 이러한 가치들이 현실적으로 실현될 수 있는 가족과 사회 공동체를 만들어야 한다.

반항의 기간은 또한 아이들이 시간을 더 잘 이해하고 과거와 미래와의 어느 정도의 관계를 확립하기 시작하는 시기이다. 그러므로 약속을 할 때 그리고 약속을 지키기 위해서는 매우 신중해야 한다. 이것은 우리가 아이들에게 베풀어야 할 존중과 배려의 또 다른 측면이다. 그들이 어리고 쉽게 잊어버린다고 생각하는 것은 그들의 능력을 심하게 과소평가하는 것이다. 우리의 약속을 지키는 것이 정말로 불가능할 때, 우리는 사과하고 대안을 제시해야 한다. 아이들은 관대하고 우리로부터 완벽함을 기대하지 않지만 협력할 의지를 보여줘야 하는 정직한 관계를 원한다.

교육은 어려운 일이다. 왜냐하면 교육적인 상황에서 우리는 진정한 자아를 직면하게 되고 우리가 말하는 모든 것을 정말로 믿는지, 그리고 모든 인간의 큰 잠재력에 대한 믿음이 얼마나 있는지 자문해야 하기 때문이다. 우리는 우리와 함께 사는 아이들에게 생명의 도움을 주는 환경에서 성장할 수 있는 가능성을 제공하기 위해 변화를 결정해야 한다.

모든 가족과 지역 사회는 그 구성원에게 교육을 제공하지만 어른들은 환경을 변화시킬 수 있는 힘을 가지고 있다. 그 힘은 모든 사람의 발달을 돕기 위해 이용해야 한다. 어느 정도의 발달 단계에 도달했다가 멈추는 신체에서 일어나는 발달과는 달리 정신은 인생의 마지막 순간까지 성장을 계속할 수 있다. 적절한 인간의 중재로 이것이 가능하다. 따라서 위기 시기는 아이뿐만 아니라 모든 사람의 변화에도 유리하다. 그 결과, 삶의 질에 있어서 단지 몇 년 안에 새로운 신체적, 정신적 능력이 향상될 수 있다.

제12장

유아 교육과 인류의 미래

Children's education and the future of humanity

결론

Conclusions

아이가 생후 첫 몇 년 동안 적절한 도움을 받았을 때 3세가 되면 놀라운 사람으로 변모한다. 아이는 자신을 완벽하게 표현할 수 있고 삶의 실제적인 욕구 즉 스스로 씻고 옷을 입는 등에 대처할 수 있으며 일상생활 환경의 활동에서 도움을 주며 협력할 수 있다. 또한 모든 것에 대한 이유를 즉시 자신에게 물을 수 있는 논리적인 사고 패턴이 발달하고 모든 감각으로 자신의 자아를 분명히 인식한다.

어른이 진정으로 아이의 자아실현을 달성하기 위해 필요한 안내를 한다면 3세 아이는 자발적이며 자연스럽게 순종할 수 있다.

우리 앞에 있는 아이를 상상하면 아직 너무나 어리다고 여겨지지만 3세 아이의 정신은 환경의 모든 것을 흡수하는 데 있어서 제한이 없고 자신의 능력을 지속해서 훈련할 때만 만족해하는 생기 있고 지칠 줄 모르는 일꾼과 같은 존재이다.

이 아이는 자신을 위해 앞으로 나아갈 준비가 되어 있으며 모든 문화가 아이 앞에 펼쳐져 있다. 그러나 우선 읽기를 배워야 한다. 이것이 마지막 질적 도약을 가능하게 하기 때문이다. 당연히 이것은 전형적인 초등학교에서 실행되고 있는 것과는 완전히 다른 방식으로 가르쳐야 한다. 읽기를 습득한다는 것은 교육을 통해서 자율적인 행동이 가능하고 자기 주변의 글로 쓰인 모든 것으로부터 유익한 정보를 얻을 수 있다는 것을 의미하기 때문에 꼭 필요하고 시급하다.

운동의 자유는 아이의 신체적, 정신적 발달에 도움을 주고 그에게 환경에서 행동할 자신감을 주었다. 이제 아이는 상징적인 방법으로 움직일 수 있는 자유, 즉 언어의 상징인 제시된 문자를 통해서 지식을 습득할 수 있다.

마리아 몬테소리는 인간의 잠재력이 완벽하게 발달하는 데 도움을 받는다면 초등학교 교과과정은 몇 년 앞당겨 질 것이라고 미래를 상상했다.

만일 우리가 3세 된 아이가 어떤 존재일 수 있는지 그리고 지금의 보통 아이는 어떠한지 그 둘을 비교해 본다면 인간의 통합적 발달이 얼마나 방해받고 이탈되었는지 알 수 있다.

아이들에게 나타나는 변덕whims은 단지 주변 환경의 이해 불가능에 대한 투쟁의 신호들이다. 이러한 변덕의 근원으로 많은 병적인 증상과 결함(의존, 게으름)이 나타난다. 이것은 그 아이가 가지고 있던 중요한 인간의 자질을 상실했음을 보여준다. 이 인간의 미래가 이미 얼마나 심각하게 위태로워졌는지 생각하는 것은 끔찍한 일이다!

이제 3세 된 아이들은 자신의 가족 환경보다 더 큰 환경으로 나아가야 한다. 이 환경은 다른 어른들과 또래 집단들이 함께 살면서 올바른 관계를 맺을 뿐만 아니라 아이들의 정신에 적절한 기회를 주기 위해 특별히 고안된 곳이기 때문에 훨씬 더 풍요로워야 한다. 그러한 환경은 마리아 몬테소리가 아이들을 위해 마련한 최초의 교육 환경인 '어린이집Children's House'이다. 여기에서 마리아 몬테소리는 아이들의 지적, 도덕적 능력에 대해 놀라운 발견을 했다. 그 당시까지는 아이들의 이러한 능력을 보여 줄 수 있는 환경이 어디에도 존재하지 않았다.

마리아 몬테소리는 그들의 비밀을 밝힌 것이 아이들이었다고 주장하지만 우리는 그러한 준비된 환경이 없었다면 아무것도 발견되지 않았으리라는 것이라는 것을 알 수 있다.

인류의 가장 중요한 존재인 3세 아이들을 교육하는 일은 이 학교에서 가장 잘 훈련된 교사들에게 맡겨져야 한다. 그들은 호기심과 열정으로 가득 찬 아이들을 받아들이고 아이들의 개인적 발달을 신선시키기 위해 석설한 종류의 노움을 찾아야만 한다. 이 교사들은 아이들을 잘 알아야 하고 아이들의 욕구와 적절한 교육 기법을 연구해야 한다.

3~6세 사이의 아이들은 이전의 능력을 강화하고, 문화에 대한 필수 도구인 읽기와 쓰기를 습득한다. 이 이정표를 향해 누가 아이들을 인도해야 하는지에 대한 모든 논쟁을 듣는 것은 곤혹스럽다. 우리는 적절한 시기에 아이들의 필요에 대응해야 하지만 대부분의 현행 학교 교과 과정에서는 지연되고 있기 때문에 거의 언제나 그것을 놓치고 있다. 이럴 경우 읽기와 쓰기의 민감기는 관심을 끌지 못하고 지나갈 수 있다. 비록 그것이 충분히 즐거운 방법일지라도 현행 학교에서는 아이들에게 해야 할 많은 것들을 제시함으로써 이러한 민감성은 제지된다. 사실 그 일들은 아이들이 통과하고 있는 발달 단계에 절대적이고 필수적인 임무도 아니다. 아이들은 앞으로 나가기 보다는 뒤로 퇴행하고 있다.

비타민, 무기질 혹은 적절한 양의 단백질의 양과 같은 아이의 식단에 필요한 특정 성분에 대한 부족으로 인해 생긴, 노출되지 않은 신체적 결핍 같은 것이 있다. 이러한 숨겨진 결핍을 경험한 아이가 정말로 굶주리지 않는 한 기아 상태로 죽음을 맞이하지는 않는다. 그러나 생물학적 자아로서 신체는 적절한 성장을 위해서 절대적으로 필요한 특정 물질의 결핍으로 고통을 받는다. 아이가 겉으로는 건강해 보이지만 우리는 내부에 어떤 일이 일어나는지 알 수 없다. 결국 이러한 결핍이 있다면 내부에서는 어떤 중요한 기능들은 발달하지 않거나 천천히 느리게 발달한다. 이것은 정신적 발달 면에서도 마찬가지이다. 발달이 다음 단계로 넘어갈 준비가 되어 있지만 그들의 실제 능력이 수준 이하로 되어있기 때문에 퇴행하는 아이들과 비슷하다. 아이들이 읽고 쓸 줄 아는 능력을 바탕으로 인간 문화에 들어서는 것이 진정으로 필요하지만 현행 교육에서는 단지 교육적일 것 같이 보이는 과업에 사로잡혀 있다.

3~6세 아이들이 읽기와 쓰기를 습득한다는 것이 진정으로 정상적인 발달의 길이라는 것은 전 세계의 '어린이집'에서 80여 년간 쌓아 온 경험을 통해 충분히 입증된다. 어린아이들은 과학적으로 준비된 교구를 생생하게 만드는 방법을 아는 어른들의 사

랑과 지적인 지침에 따라 그러한 교구를 습득하는 데 가장 큰 흥미와 기쁨을 보인다.

아이들에 대한 많은 직접적인 경험은 내게 태아기의 생활과 3세까지의 기간이 인격을 위한 기초를 확립한다는 것을 깊게 확신 시켜 주었다. 3~6세까지의 기간 또한 너무나 중요한데, 그 이유는 바로 앞서 일어난 모든 일이 지속하고, 강화되고, 필요하다면 수정될 수 있기 때문이다. 3~6세 사이의 아이들은 올바른 도움을 받지 못한 아이를 '정상화normalize'할 수 있는 마지막 기회이다. 그러므로 인간 발달에 있어 절대적으로 귀중한 시기이다.

우리는 진정으로 필요한 모든 것을 제공하기 위해 발달하고 있는 인간의 실제 요구 사항을 충분히 고려한 교육 과정을 기다리고 있다. 지난 수십 년 동안 많은 진전이 있었다는 것을 부정하지 않지만 우리는 아직 삶의 시작부터 시작하여 아이들의 조화롭고 통합된 발달을 위한 가능한 모든 조치를 취하지 못했다는 것을 인식해야 한다.

인간의 역사가 발달함에 따라 우리는 우리의 문제에 대해 더 잘 알게 된다. 이러한 일이 발생할 때마다 더 적절한 해결책이 등장한다. 이러한 해결책은 우리 정신의 엄청난 잠재력이 내재된 위대한 창조력의 결실이다.

금세기 초에 영아의 정신적 욕구가 발견되었고 새로운 형태의 교육이 시작되었다. 하지만 과학적 몬테소리 교육 방식은 아직 모든 아이에게 이르지 못했다. 이 책은 성인 교육자들에게 인간의 잠재력을 실현하기 위해 어른들의 도움과 지도를 기대하는 아이들과의 관계를 면밀히 검토하도록 촉구하기 위해 집필되었다.

세상을 떠나기 3년 전인 1949년 마리아 몬테소리는 이탈리아의 산 레모San Remo에서 열린 제8차 국제 몬테소리 대회the VIII International Montessori Congress에서 연설했다. 그것은 세계 구조 조정의 일환으로 인간의 형성에 어떤 헌신을 할 수 있는가에 관한 것이다. 몬테소리는 "조기 유아기는 인간의 삶에서 가장 민감한 시기이며 과학적 교육학만이 아이의 막대한 정신 에너지에 도움과 보호를 제공 할 수 있고 개인적인 복지와 인류애를 이룰 수 있다."고 강조하였다. 또한 "인간 진보와 세계 평화가 그들의 손에 달려 있기 때문에 교육자의 임무는 엄청나다."라고 주장하였다.

참고 문헌 References

1. Paul D. MacLean, A Triune Concept of the Brain and Behavior
    (New York: Rockfeller University Press, 1970)

2. A. Montagu, Growing Young (New York: McGraw-Hill, 1981)

3. T. R. Blakeslee, The Right Brain (London: Macmillan, 1980)

4. M. Montessori, Il Segreto dell'Infanzia

5. A. Montagu, Growing Young (New York: MacGraw Hill, 1981)

6. M. Montessori, La Mente del Bambino (Milano: Garzanti, 1953)

7. Sir John Eccles and Daniel N. Robinson, The Wonder of Being Human
    (Boston and London: New Science Library, 1985)

8. W. Penfield "Conditioning the Uncommitted Cortex for
    Language Learning," Brain, vol. LXXXVIII

9. W. Penfield op. cit.